PYTHON

GUÍA RÁPIDA PARA PROGRAMADORES

Capitulo 1. Introducción a Python

Capitulo 2. Fundamentos de Python

Capitulo 3. Estructuras de Datos

Capitulo 4. Control de Flujo

Capitulo 5. Funciones y Módulos

Capitulo 6. Manejo de Excepciones

Capitulo 1. Introducción a Python

1.1.- Breve historia de Python

Python fue creado por Guido van Rossum y su desarrollo comenzó a finales de los años 80, más precisamente en diciembre de 1989, en el Centro para las Matemáticas y la Informática (CWI, por sus siglas en inglés) en los Países Bajos. La idea de van Rossum era desarrollar un lenguaje de programación que enfatizara la importancia de un código legible y que fuera accesible tanto para desarrolladores principiantes como para profesionales. El nombre del lenguaje, Python, fue inspirado por el grupo de comedia británico Monty Python, un hecho que refleja la visión de van Rossum de que la programación debe ser divertida.

La primera versión pública, Python 1.0, fue liberada en enero de 1994. Python 1.0 introdujo muchos de los temas centrales que todavía hoy forman parte del lenguaje, incluyendo la excepción de manejo, las funciones y los módulos reutilizables, y la orientación a objetos.

Python 2.0 fue lanzado en el año 2000. Esta versión incluyó muchas mejoras funcionales y de rendimiento, como la recolección de basura y la compatibilidad con Unicode, lo que permitió que el lenguaje fuera utilizado con diversos alfabetos más allá del inglés. Aunque Python 2 se convirtió rápidamente en la base de muchos proyectos y sistemas, eventualmente fue sucedido por Python 3.

Python 3.0, lanzado en 2008, representó un hito significativo en la historia del lenguaje. Fue una revisión mayor que no se preocupó por mantener compatibilidad absoluta con versiones anteriores, con el objetivo de rectificar ciertas deficiencias fundamentales del diseño. Por ejemplo, la impresión y la sintaxis de las funciones se hicieron más consistentes y se mejoró la forma en que Python maneja la codificación de caracteres Unicode. Estas modificaciones hicieron que algunos programas escritos para Python 2 no funcionaran en Python 3 sin ciertas adaptaciones.

A lo largo de los años, Python se ha expandido para incluir una vasta biblioteca estándar, que ofrece módulos y funciones para realizar una amplia gama de tareas. Desde el manejo de archivos, comunicaciones en red, y análisis de datos, hasta la creación de interfaces gráficas, Python se ha convertido en una herramienta esencial en muchas industrias, incluyendo la investigación científica, la ingeniería de software, y la educación.

Python continúa siendo desarrollado y mejorado por una activa comunidad de contribuyentes de todo el mundo, bajo la égida de la Python Software Foundation. Este enfoque comunitario ha sido crucial para el crecimiento y la popularidad del lenguaje, asegurando que Python siga evolucionando para satisfacer las necesidades de su creciente base de usuarios.

1.2.- Instalación y configuración del entorno

Instalar y configurar Python es un proceso directo y sencillo, diseñado para facilitar a los desarrolladores de cualquier nivel comenzar rápidamente. Aquí te guiaré a través de los pasos básicos para instalar Python y configurar un entorno de desarrollo eficiente.

Descarga e Instalación de Python

1. **Descargar Python**:
   - Visita el sitio web oficial de Python en python.org.
   - Navega hasta la sección de descargas y selecciona la versión de Python que deseas instalar. Aunque Python 3 es la versión recomendada hoy en día, asegúrate de que la versión que elijas sea compatible con tus necesidades o proyectos.
   - Descarga el instalador apropiado para tu sistema operativo (Windows, macOS o Linux).

2. **Instalación en Windows**:
   - Ejecuta el archivo de instalación descargado.
   - Asegúrate de marcar la opción "Add Python 3.x to PATH" al inicio del proceso de instalación para asegurar que el intérprete de Python sea accesible desde la línea de comandos.
   - Haz clic en "Install Now" y sigue las instrucciones para completar la instalación.

3. Instalación en macOS:

- Abre el archivo descargado y sigue las instrucciones del instalador de macOS para instalar Python.
- Puedes verificar la instalación abriendo la Terminal y escribiendo `python3`.

4. Instalación en Linux:

- La mayoría de las distribuciones de Linux incluyen Python por defecto. Puedes verificar si Python está instalado y su versión escribiendo `python3 --version` en la terminal.
- Si necesitas instalarlo o actualizarlo, puedes utilizar el gestor de paquetes de tu distribución, como `apt` en Ubuntu (`sudo apt-get install python3`).

Configuración del Entorno de Desarrollo

Una vez instalado Python, configurar un buen entorno de desarrollo es crucial. Aquí se incluyen algunas herramientas y pasos recomendados:

1. Instalación de un Editor de Código:

- **Visual Studio Code** (VS Code) es ampliamente recomendado por su soporte a Python y numerosas extensiones disponibles.

- Descarga e instala VS Code desde su sitio web oficial.
- Instala la extensión Python desde el marketplace de extensiones de VS Code.

2. Configuración de un Entorno Virtual:

- Los entornos virtuales permiten gestionar dependencias para diferentes proyectos de Python, lo cual es esencial para mantener organizadas las configuraciones de proyectos múltiples y evitar conflictos entre paquetes.
- Abre una terminal o consola de comandos.
- Navega hasta el directorio de tu proyecto y ejecuta `python3 -m venv myenv` para crear un entorno virtual llamado `myenv`.
- Activa el entorno virtual con `source myenv/bin/activate` en macOS/Linux o `myenv\Scripts\activate` en Windows.

3. Instalación de Paquetes:

- Utiliza el gestor de paquetes de Python, `pip`, para instalar cualquier biblioteca adicional. Por ejemplo, `pip install numpy` instalará la biblioteca NumPy.

Estos pasos básicos te ayudarán a establecer un entorno de desarrollo robusto y versátil para tus proyectos en Python, brindándote las herramientas necesarias para empezar a programar eficazmente.

1.3.- Primeros pasos: cómo escribir y ejecutar un script de Python.

Para empezar a programar en Python, es fundamental entender cómo escribir y ejecutar scripts básicos. Este apartado te guiará a través de los pasos necesarios para crear tu primer programa en Python y ejecutarlo correctamente en tu sistema.

Creación de un Script de Python

1. **Escribir el Código**:

   - Abre tu editor de código preferido, como Visual Studio Code, Sublime Text o incluso un editor más simple como Notepad++ o TextEdit.
   - Crea un nuevo archivo y guárdalo con la extensión `.py`, por ejemplo, `hola_mundo.py`. Este será tu script de Python.

2. **Escribe un Programa Básico**:

   - Para tu primer script, escribe un programa simple que imprima un mensaje. Por ejemplo, puedes escribir el siguiente código:

   ```
   print("Hola, mundo!")
   ```

- Este código utiliza la función `print()` para enviar el texto "Hola, mundo!" a la consola o terminal.

Ejecutar el Script de Python

1. Usar la Línea de Comandos:

- Abre la terminal (en macOS o Linux) o la línea de comandos o PowerShell (en Windows).
- Navega al directorio donde has guardado tu archivo `hola_mundo.py`. Puedes hacerlo usando el comando `cd` seguido de la ruta del directorio. Por ejemplo:

```
cd ruta/a/tu/directorio
```

- Una vez en el directorio correcto, escribe el siguiente comando para ejecutar tu script:

```
python hola_mundo.py
```

- Si has configurado Python 3 específicamente y `python` aún apunta a Python 2.x en tu sistema, intenta usar `python3`:

```
python3 hola_mundo.py
```

- Deberías ver el mensaje "Hola, mundo!" en la consola, lo que indica que tu programa se ha ejecutado correctamente.

Problemas Comunes y Soluciones

- **Python no está en el PATH**: Si recibes un error que dice algo como "python no se reconoce como un comando interno o externo", significa que Python no está correctamente agregado al PATH de tu sistema. Deberás revisar la instalación y asegurarte de haber marcado la opción para agregar Python al PATH si estás en Windows.

- **Errores de sintaxis**: Si tu script contiene errores, Python mostrará un mensaje de error indicando la línea del problema y el tipo de error. Verifica tu código en busca de errores tipográficos o de sintaxis, especialmente en la puntuación y en la estructura del código.

Prácticas Recomendadas

- **Comentarios**: Usa comentarios en tu código para explicar qué hace. Los comentarios se hacen con el símbolo #, por ejemplo:

```
# Este código imprime un mensaje de
bienvenida
print("Hola, mundo!")
```

- **Lee sobre errores comunes**: Familiarizarte con los errores comunes en Python puede ayudarte a evitarlos y a entender mejor cómo depurar tu código.

Al seguir estos pasos, te habrás asegurado de tener una base sólida para escribir y ejecutar scripts en Python, y estarás listo para explorar más aspectos del lenguaje.

Capitulo 2. Fundamentos de Python

2.1.- Tipos de datos básicos (números, cadenas, booleanos)

Python es un lenguaje de programación flexible y dinámico que soporta varios tipos de datos. Los tipos de datos básicos que todo programador debe conocer incluyen números, cadenas de texto y valores booleanos. Comprender estos tipos de datos es fundamental para manejar la lógica y los datos en cualquier programa Python.

Números

En Python, los números se pueden clasificar principalmente en dos tipos: enteros y flotantes.

- **Enteros (int)**: Son números sin parte decimal. Pueden ser positivos o negativos. Python permite trabajar con enteros de cualquier tamaño hasta el límite de la memoria disponible.

  ```
  a = 10
  b = -5
  ```

- **Números flotantes (float)**: Son números reales que incluyen una parte decimal. Se escriben con un punto para separar la parte entera de la decimal.

  ```
  pi = 3.14159
  salario = 489.50
  ```

Python también soporta números complejos y otras bibliotecas como `decimal` para trabajar con precisión decimal o `fractions` para trabajar con fracciones.

Cadenas de Texto

Las cadenas de texto (strings) son secuencias de caracteres utilizadas para almacenar y manejar datos de texto. En Python, las cadenas se escriben entre comillas simples (' ') o dobles (" ").

- **Crear una cadena**:

```
saludo = "Hola"
mensaje = 'Bienvenido a Python'
```

- **Acceder a caracteres y subcadenas**: Puedes acceder a caracteres individuales o a subcadenas utilizando índices y rebanadas.

```
primer_letra = saludo[0]   # 'H'
subcadena = mensaje[0:9]   # 'Bienvenido'
```

- **Concatenación y manipulación**: Python ofrece operadores y métodos para concatenar y manipular cadenas.

```
completo = saludo + ", " + mensaje   # 'Hola,
Bienvenido a Python'
gritar = saludo.upper()   # 'HOLA'
```

Booleanos

Los booleanos representan uno de dos valores: `True` (verdadero) o `False` (falso). Estos son muy útiles para controlar la lógica y el flujo de programas.

- **Operadores lógicos**: Python incluye operadores lógicos como `and`, `or`, y `not` que se utilizan con valores booleanos.

  ```
  verdadero = True
  falso = False
  resultado = verdadero and falso  # False
  negacion = not verdadero  # False
  ```

- **Comparaciones**: Cualquier comparación en Python devuelve un valor booleano.

  ```
  es_mayor = 10 > 5  # True
  es_igual = (5 == 5)  # True
  ```

Conversión de Tipos

A menudo, es necesario convertir datos de un tipo a otro. Python proporciona funciones como `int()`, `float()`, y `str()` para convertir valores entre estos tipos básicos.

- **Conversión de tipo**:

  ```
  numero = "100"
  entero = int(numero)  # 100
  texto = str(entero)  # '100'
  ```

Entender estos tipos de datos básicos te permitirá empezar a trabajar con la lógica de programación en Python y es esencial para cualquier tipo de programación más avanzada que desees realizar en el futuro.

2.2.- Operadores y expresiones

Los operadores en Python son símbolos especiales que llevan a cabo operaciones aritméticas o lógicas sobre uno o más operandos. Las expresiones son combinaciones de valores y operadores que, juntos, se evalúan para producir otro valor. Este apartado describe los diferentes tipos de operadores en Python y cómo se utilizan en las expresiones.

Operadores Aritméticos

Los operadores aritméticos se utilizan para realizar cálculos matemáticos básicos:

- **Suma (+)**: Suma dos operandos.

  ```
  resultado = 10 + 5   # 15
  ```

- **Resta (-)**: Resta el operando derecho del izquierdo.

  ```
  resultado = 10 - 5   # 5
  ```

- **Multiplicación (*)**: Multiplica dos operandos.

  ```
  resultado = 10 * 5   # 50
  ```

- **División (/)**: Divide el operando izquierdo entre el derecho y devuelve un flotante.

  ```
  resultado = 10 / 2   # 5.0
  ```

- **División entera (//)**: Divide y devuelve la parte entera de la división.

```
resultado = 10 // 3  # 3
```

- **Módulo (%)**: Devuelve el resto de la división.

```
resultado = 10 % 3  # 1
```

- **Exponente (**)**: Eleva el operando de la izquierda a la potencia del derecho.

```
resultado = 2 ** 3  # 8
```

Operadores de Comparación

Estos operadores comparan los valores de ambos lados y determinan la relación entre ellos:

- **Igual (==)**: Verifica si dos valores son iguales.
- **No igual (!=)**: Verifica si dos valores no son iguales.
- **Mayor que (>)**: Verifica si el valor de la izquierda es mayor que el de la derecha.
- **Menor que (<)**: Verifica si el valor de la izquierda es menor que el de la derecha.
- **Mayor o igual que (>=)**: Verifica si el valor de la izquierda es mayor o igual al de la derecha.
- **Menor o igual que (<=)**: Verifica si el valor de la izquierda es menor o igual al de la derecha.

Operadores Lógicos

Se utilizan para combinar declaraciones condicionales:

- **And (and)**: Devuelve True si ambos operandos son verdaderos.
- **Or (or)**: Devuelve True si al menos uno de los operandos es verdadero.
- **Not (not)**: Devuelve True si el operando es falso, y viceversa.

Operadores de Asignación

Estos operadores se utilizan para asignar valores a variables:

- **Asignación (=)**: Asigna un valor de la derecha a una variable de la izquierda.
- **Asignación con suma (+=)**: Suma el operando derecho al izquierdo y asigna el resultado.
- **Asignación con resta (-=)**: Resta el operando derecho del izquierdo y asigna el resultado.
- **Asignación con multiplicación (*=)**: Multiplica el operando derecho por el izquierdo y asigna el resultado.
- **Asignación con división (/=)**: Divide el operando izquierdo por el derecho y asigna el resultado.

Uso de Operadores en Expresiones

Las expresiones combinan varios operadores y operandos para formar cálculos más complejos:

```
x = 10
y = 3
z = x + y * 2   # z es 16
a = (x + y) * 2   # a es 26
```

En las expresiones, los operadores siguen la precedencia matemática, lo que significa que operaciones como la multiplicación y la división se realizan antes de la suma y la resta, a menos que se utilicen paréntesis para alterar este orden.

Entender y usar correctamente estos operadores y expresiones es fundamental para la programación en Python, permitiéndote manipular datos y controlar la lógica de tus programas de manera efectiva.

2.3.- Entrada y salida básica (funciones `print()` y `input()`)

En cualquier programa, la capacidad de interactuar con el usuario mediante la entrada y salida de datos es fundamental. Python proporciona dos funciones básicas para manejar esta interacción: `print()` para la salida y `input()` para la entrada. Estas funciones son cruciales para la creación de programas interactivos.

Función `print()`

La función `print()` se utiliza para enviar datos a la salida estándar del sistema, típicamente la consola, lo que permite mostrar información al usuario.

- **Sintaxis básica**:

```
print(objeto(s),     sep='    ',     end='\n',
file=sys.stdout, flush=False)
```

- **objeto(s)**: cualquier valor o variable que desees imprimir.
- **sep=' '**: especifica el separador entre los valores (por defecto es un espacio).
- **end='\n'**: especifica qué se debe imprimir al final (por defecto es un salto de línea).
- **file**: define el objeto de archivo en el cual se debe imprimir la salida (por defecto es la salida estándar, como la consola).
- **flush**: fuerza que la salida del búfer se escriba en el stream.
- **Ejemplos de uso**:

```
print("Hola, mundo!")
print("Nombre:", "Alice", "Edad:", 30)
print("Lista de ítems:", 1, 2, 3, sep=", ")
```

Función input()

La función input() permite leer una línea de texto desde la entrada estándar, generalmente el teclado. La función convierte lo que se ingresa en una cadena (string) y lo devuelve.

- **Sintaxis básica**:

```
variable = input(prompt)
```

- **prompt**: un string que se muestra en la consola, invitando al usuario a ingresar algo.
- **Ejemplos de uso**:

```
nombre = input("Introduce tu nombre: ")
edad = input("Introduce tu edad: ")
print("Hola,", nombre + ".", "Tienes", edad,
"años.")
```

Combinando print() y input()

En muchos programas, print() y input() trabajan juntos para interactuar con el usuario. Por ejemplo, puedes pedir al usuario que ingrese información y luego utilizar esa información para generar una salida relevante.

- **Ejemplo de programa interactivo**:

```
nombre = input("¿Cuál es tu nombre? ")
hobbies = input("¿Cuáles son tus hobbies? ")
print("Genial,", nombre + "! Tus hobbies
son", hobbies + ".")
```

Este programa primero pregunta al usuario su nombre y sus hobbies usando input() y luego imprime esta información usando print(). Esto hace que el programa sea interactivo y personalizado según la entrada del usuario.

Dominar las funciones de print() y input() te permitirá construir programas que pueden interactuar efectivamente con los usuarios, recibiendo datos de ellos y proporcionando la información adecuada a cambio. Estas funciones son esenciales para los fundamentos de la programación en Python y serán utilizadas en casi todos los programas que desarrolles.

Capitulo 3.
Estructuras de Datos

3.1.- Listas y operaciones con listas

Las listas en Python son estructuras de datos versátiles y dinámicas que permiten almacenar colecciones de ítems ordenados y modificables. Son uno de los tipos de datos más utilizados en Python debido a su flexibilidad y facilidad de uso. Este apartado explora cómo crear listas, las operaciones básicas que puedes realizar con ellas, y algunos métodos útiles para manipular sus elementos.

Creación de Listas

Una lista en Python se define encerrando sus elementos entre corchetes [ ], y separándolos con comas.

- **Ejemplo de creación de una lista:**

```
numeros = [1, 2, 3, 4, 5]
frutas = ['manzana', 'banana', 'cereza']
mixta = [1, 'Hola', 3.14, True]
```

Acceso a Elementos

El acceso a los elementos de una lista se realiza mediante el uso de índices, comenzando por 0 para el primer elemento. También puedes usar índices negativos para acceder a los elementos desde el final de la lista.

- **Ejemplos de acceso:**

```
primer_numero = numeros[0]  # 1
ultima_fruta = frutas[-1]  # 'cereza'
```

Modificación de Listas

Las listas son mutables, lo que significa que puedes cambiar sus elementos después de su creación.

- **Modificar elementos**:

```
frutas[0] = 'kiwi'    # ['kiwi', 'banana',
'cereza']
```

- **Agregar elementos**:

```
frutas.append('naranja')  # Añade al final
frutas.insert(1, 'mango')   # Inserta en la
posición 1
```

- **Eliminar elementos**:

```
del frutas[0]  # Elimina el primer elemento
frutas.remove('banana')  # Elimina la primera
aparición de 'banana'
frutas.pop()   # Elimina y devuelve el último
elemento
```

Operaciones Comunes con Listas

Las listas soportan varias operaciones que facilitan su manejo y manipulación.

- **Concatenación**:

```
combinada = numeros + frutas    # Une dos
listas
```

- **Repetición**:

```
repetida = [1, 2, 3] * 2  # [1, 2, 3, 1, 2,
3]
```

- **Slicing (rebanado):**

```
sublista = numeros[1:4]   # Obtiene una parte
de la lista
```

Métodos de Listas

Python ofrece una serie de métodos incorporados que puedes utilizar para trabajar con listas, haciendo que las operaciones comunes sean sencillas y eficientes.

- **append(element)**: Añade un elemento al final de la lista.
- **extend([elements])**: Extiende la lista agregando todos los elementos de otra lista.
- **sort()**: Ordena los elementos de la lista en su lugar.
- **reverse()**: Invierte los elementos de la lista en su lugar.
- **count(element)**: Devuelve la cantidad de veces que aparece un elemento en la lista.
- **index(element)**: Devuelve el índice del primer elemento con el valor especificado.

Ejemplo Práctico

Veamos cómo se pueden utilizar estos métodos en un escenario real:

```
# Lista de números
numeros = [5, 3, 9, 1]
numeros.sort()  # [1, 3, 5, 9]
numeros.reverse()  # [9, 5, 3, 1]
```

```
# Trabajando con múltiples listas
otros_numeros = [4, 2, 6, 8]
numeros.extend(otros_numeros)  # [9, 5, 3, 1, 4, 2,
6, 8]
```

Las listas son una herramienta poderosa y flexible en Python, y entender cómo manipularlas te permitirá resolver una variedad de problemas de programación de manera efectiva.

3.2.- Tuplas y operaciones con tuplas

Las tuplas son estructuras de datos en Python que son muy similares a las listas, pero con una diferencia crucial: son inmutables. Esto significa que una vez definida, una tupla no puede ser alterada en su contenido. Las tuplas son ideales para almacenar un conjunto de valores que no deberían cambiar a lo largo del tiempo de ejecución del programa. Este apartado explora cómo crear tuplas, cómo acceder a sus elementos y las operaciones básicas que se pueden realizar con ellas.

Creación de Tuplas

Una tupla se define encerrando sus elementos entre paréntesis ( ) y separándolos con comas. Es posible crear tuplas sin paréntesis, lo cual es conocido como "empaquetado de tuplas".

- **Ejemplo de creación de una tupla**:

```
colores = ('rojo', 'verde', 'azul')
numeros = 1, 2, 3  # Empaquetado de tupla
vacia = ()
```

```
singleton = (1,)    # Tupla de un solo
elemento, la coma es obligatoria
```

Acceso a Elementos

El acceso a los elementos de una tupla se realiza de la misma forma que en las listas, mediante el uso de índices que comienzan en 0.

- **Ejemplos de acceso**:

```
primer_color = colores[0]  # 'rojo'
ultimo_numero = numeros[-1]  # 3
```

Debido a que las tuplas son inmutables, no es posible modificar sus elementos una vez creadas.

Operaciones Comunes con Tuplas

Aunque las tuplas son inmutables, hay varias operaciones que se pueden realizar con ellas:

- **Concatenación**:

```
tupla1 = (1, 2, 3)
tupla2 = (4, 5, 6)
tupla_combinada = tupla1 + tupla2  # (1, 2,
3, 4, 5, 6)
```

- **Repetición**:

```
repetida = tupla1 * 2  # (1, 2, 3, 1, 2, 3)
```

- **Slicing (rebanado)**:

```
sub_tupla = tupla1[1:3]  # (2, 3)
```

Métodos de Tuplas

Las tuplas tienen menos métodos disponibles que las listas debido a su inmutabilidad, pero aún proporcionan funcionalidades útiles:

- **count(element)**: Devuelve la cantidad de veces que aparece un elemento en la tupla.

- **index(element)**: Devuelve el índice del primer elemento con el valor especificado.

- **Ejemplo de uso de métodos**:

```
t = (1, 2, 3, 2, 4, 2)
cantidad_dos = t.count(2)  # 3
indice_primero_dos = t.index(2)  # 1
```

Inmutabilidad de Tuplas

La inmutabilidad de las tuplas las hace útiles como claves en diccionarios y para asegurar que los datos no sean modificados. Esta característica también hace que las tuplas sean más ligeras y rápidas para ciertas operaciones en comparación con las listas.

Ejemplo Práctico

Imagina que necesitas almacenar información que no cambiará, como los días de la semana o las coordenadas de un punto en un mapa, las tuplas son ideales para estos usos:

```
dias_de_la_semana    =    ('lunes',    'martes',
'miércoles',   'jueves',   'viernes',   'sábado',
'domingo')
```

```
coordenadas = (40.7128, -74.0060)  # Coordenadas de
Nueva York
```

Entender cómo y cuándo usar tuplas en Python te permitirá escribir programas más seguros y optimizados que se beneficien de la inmutabilidad de esta estructura de datos.

3.3.- Diccionarios y operaciones con diccionarios

Los diccionarios en Python son estructuras de datos que funcionan como mapas de asociación de clave-valor. Son increíblemente eficientes para la búsqueda rápida de datos y son esenciales para representar relaciones y estructuras de datos de manera más intuitiva. Este apartado detalla cómo se crean los diccionarios, cómo acceder y manipular sus elementos, y algunas operaciones comunes que puedes realizar con ellos.

Creación de Diccionarios

Un diccionario se define con elementos clave-valor encerrados entre llaves {}, donde cada clave se separa de su valor correspondiente por dos puntos : y cada par clave-valor se separa con comas.

- **Ejemplo de creación de un diccionario**:
  ```
  estudiante = {'nombre': 'Juan', 'edad': 22,
  'curso': 'Ingeniería'}
  ```

```
precios = {'manzana': 0.50, 'banana': 0.75,
'cereza': 1.00}
dic_vacio = {}
```

Acceso a Elementos

El acceso a los elementos del diccionario se realiza a través de sus claves.

- **Ejemplos de acceso**:

```
nombre_estudiante = estudiante['nombre']   #
'Juan'
precio_banana = precios['banana']  # 0.75
```

Si intentas acceder a una clave que no existe, Python lanzará un `KeyError`. Para evitar esto, puedes usar el método `.get()`, que devuelve `None` o un valor predeterminado si la clave no está presente.

- **Uso de `.get()`**:

```
edad     =     estudiante.get('edad',     'No
especificado')
```

Modificación de Diccionarios

Los diccionarios son estructuras de datos mutables, por lo que puedes agregar, modificar y eliminar pares clave-valor después de su creación.

- **Agregar o modificar elementos**:

```
estudiante['año'] = 4   # Agrega una nueva
clave con su valor
```

```
estudiante['nombre'] = 'Carlos'   # Modifica
el valor de la clave 'nombre'
```

- **Eliminar elementos**: Puedes eliminar elementos usando del o el método .pop().

```
del estudiante['curso']   # Elimina la clave
'curso'
año = estudiante.pop('año', 'No encontrado')
# Elimina 'año' devolviendo su valor
```

Operaciones Comunes con Diccionarios

Los diccionarios en Python soportan una variedad de métodos y operaciones que facilitan su uso.

- **Claves, valores y elementos**:

```
claves = estudiante.keys()   # Devuelve las
claves del diccionario
valores = estudiante.values()   # Devuelve los
valores del diccionario
items = estudiante.items()   # Devuelve los
pares clave-valor como tuplas
```

- **Iteración sobre un diccionario**: Puedes iterar sobre las claves, valores o sobre los pares clave-valor de un diccionario.

```
for clave in estudiante:
    print(clave, estudiante[clave])

for clave, valor in estudiante.items():
    print(clave, valor)
```

- **Diccionarios comprensivos**: Similar a las listas, puedes usar la comprensión de diccionarios para crear diccionarios de manera concisa.

```python
cuadrados = {x: x*x for x in range(6)}
```

Ejemplo Práctico

Supongamos que deseas mantener un registro de las calificaciones de los estudiantes en diferentes asignaturas, los diccionarios te permitirían estructurar esta información de manera eficiente.

```python
calificaciones = {
    'Ana': {'matemáticas': 95, 'ciencias': 88},
    'Luis': {'matemáticas': 76, 'ciencias': 92}
}

# Agregar una nueva asignatura con su calificación
calificaciones['Ana']['historia'] = 85
```

Entender y utilizar diccionarios es fundamental para el manejo de datos en Python, ya que proporcionan una forma rápida y accesible de almacenar y manipular datos estructurados.

3.4.- Conjuntos y operaciones con conjuntos

Los conjuntos en Python son colecciones desordenadas de elementos únicos que se utilizan para realizar operaciones de conjunto como uniones, intersecciones y diferencias. Son estructuras de datos muy eficientes para verificar la pertenencia y eliminar duplicados de una colección. Este apartado cubre la creación de conjuntos, cómo manipularlos, y las operaciones comunes que se pueden realizar con ellos.

Creación de Conjuntos

Los conjuntos se definen usando llaves `{}` o la función `set()`. A diferencia de los diccionarios, solo contienen claves y no pares clave-valor.

- **Ejemplo de creación de un conjunto**:

```
frutas = {'manzana', 'banana', 'cereza'}
numeros = set([1, 2, 3, 2, 1])  # {1, 2, 3},
duplicados eliminados automáticamente
conjunto_vacio = set()  # No usar {}, ya que
esto crea un diccionario vacío
```

Acceso a Elementos

A diferencia de las listas y los diccionarios, los conjuntos no soportan el acceso mediante índices o claves porque son colecciones no ordenadas. Sin embargo, se puede verificar la pertenencia de un elemento utilizando el operador `in`.

- **Ejemplo de verificación de pertenencia**:

```
'manzana' in frutas  # True
```

Modificación de Conjuntos

Los conjuntos son mutables, por lo que puedes añadir o eliminar elementos después de su creación.

- **Agregar elementos**:

```
frutas.add('naranja')    # Añade 'naranja' a
frutas
```

- **Eliminar elementos**: Puedes eliminar elementos específicos usando `remove()` o `discard()`. La diferencia es que `remove()` arroja un error si el elemento no está presente, mientras que `discard()` no.

```
frutas.remove('banana')   # Elimina 'banana',
error si no existe
frutas.discard('kiwi')    # Elimina 'kiwi' si
existe, sin error si no
```

Operaciones Comunes con Conjuntos

Los conjuntos son ideales para realizar operaciones matemáticas de conjunto como uniones, intersecciones y diferencias.

- **Unión**:

```
a = {1, 2, 3}
b = {3, 4, 5}
c = a.union(b)  # {1, 2, 3, 4, 5}
# O usando el operador |
c = a | b
```

- **Intersección**:

```
c = a.intersection(b)  # {3}
# O usando el operador &
c = a & b
```

- **Diferencia**:

```python
c = a.difference(b)  # {1, 2}
# O usando el operador -
c = a - b
```

- **Diferencia simétrica**: Devuelve elementos que están en cualquiera de los conjuntos, pero no en ambos.

```python
c = a.symmetric_difference(b)  # {1, 2, 4, 5}
# O usando el operador ^
c = a ^ b
```

Inmutabilidad

Para crear versiones inmutables de conjuntos, Python ofrece el tipo `frozenset`, que funciona igual que `set` pero no puede ser modificado después de su creación.

- **Creación de un `frozenset`**:

```python
inmutable = frozenset([1, 2, 3])
```

Ejemplo Práctico

Supongamos que deseas identificar elementos únicos en una lista de datos o comparar miembros entre dos grupos, los conjuntos serían una herramienta perfecta para estas tareas.

```python
asistentes_evento1 = {'Alice', 'Bob', 'Charlie'}
asistentes_evento2 = {'Bob', 'Dave', 'Elle'}
todos_asistentes                            =
asistentes_evento1.union(asistentes_evento2)
asistentes_comunes                          =
asistentes_evento1.intersection(asistentes_evento2)
```

Entender y utilizar conjuntos permite optimizar muchas operaciones que implican la colección y comparación de elementos, haciéndolos esenciales para la manipulación eficiente de datos en Python.

Capitulo 4.
Control de Flujo

4.1.- Condiciones (`if`, `elif`, `else`)

Las estructuras condicionales en Python permiten dirigir el flujo de ejecución de un programa basado en la evaluación de una o más condiciones. Usando las declaraciones `if`, `elif`, y `else`, puedes realizar diferentes acciones según se cumplan o no ciertos criterios. Este apartado explora cómo usar estas declaraciones para controlar el flujo del programa de manera efectiva.

Declaración `if`

La declaración `if` es la estructura condicional más básica en Python. Permite ejecutar un bloque de código solo si una condición dada es verdadera.

- **Ejemplo básico**:

```
edad = 18
if edad >= 18:
    print("Eres mayor de edad.")
```

En este ejemplo, el mensaje solo se imprimirá si el valor de `edad` es 18 o más.

Declaración `elif`

`elif` es la abreviatura de "else if". Se utiliza para encadenar múltiples condiciones después de un `if`. El bloque de código asociado a `elif` solo se ejecuta si su condición es verdadera y todas las condiciones en las declaraciones `if` y `elif` anteriores fueron falsas.

- **Uso de `elif`:**

```python
if edad < 18:
    print("Eres menor de edad.")
elif edad >= 18 and edad < 65:
    print("Eres adulto.")
```

Declaración `else`

La declaración `else` captura cualquier caso que no haya sido capturado por las condiciones anteriores. No lleva una condición; en su lugar, el código dentro del bloque `else` se ejecuta si todas las condiciones anteriores resultaron falsas.

- **Ejemplo completo con `else`:**

```python
if edad < 18:
    print("Eres menor de edad.")
elif edad >= 18 and edad < 65:
    print("Eres adulto.")
else:
    print("Eres adulto mayor.")
```

En este ejemplo, el programa evalúa la edad y utiliza `if`, `elif`, y `else` para imprimir mensajes apropiados basados en el rango de edad.

Condiciones Compuestas

Python permite combinar varias condiciones utilizando operadores lógicos como `and`, `or`, y `not`. Esto facilita la creación de pruebas condicionales más complejas dentro de las declaraciones `if`, `elif`, y `else`.

- **Ejemplo de condiciones compuestas**:

```python
temperatura = 30
lluvia = False
if temperatura > 25 and not lluvia:
    print("Es un buen día para un picnic.")
elif temperatura > 25 and lluvia:
        print("Quizás prefieras llevar un
paraguas.")
else:
        print("Podría ser un buen día para
quedarse en casa.")
```

Importancia del Indentado

En Python, el indentado es crucial para definir qué bloque de código pertenece a cada condición. Cada nuevo bloque de código después de una declaración `if`, `elif`, o `else` debe estar correctamente indentado para que el intérprete de Python lo ejecute correctamente.

- **Ejemplo de indentado**:

```python
if edad < 18:
    print("No puedes votar.")
    print("Por favor, regresa en", 18 - edad,
"años.")
```

Este apartado demuestra cómo utilizar las estructuras condicionales `if`, `elif`, y `else` en Python para tomar decisiones en tus programas basadas en diferentes criterios. Estas estructuras son fundamentales para escribir código que reacciona de manera diferente a distintas situaciones y entradas de datos.

4.2.- Bucles (`for`, `while`)

Los bucles son estructuras de control fundamentales en cualquier lenguaje de programación, incluido Python, que permiten repetir una o más líneas de código de manera eficiente. Python ofrece principalmente dos tipos de bucles: `for` y `while`, cada uno con sus propias aplicaciones dependiendo de la situación. Este apartado describe cómo usar estos bucles para realizar iteraciones de manera efectiva.

Bucle `for`

El bucle `for` en Python es particularmente versátil y se utiliza para iterar sobre los elementos de cualquier secuencia (como listas, cadenas o rangos) de manera ordenada. Es especialmente útil cuando se sabe de antemano el número de veces que el bucle debe ejecutarse.

- **Ejemplo básico de bucle `for`**:

```python
frutas = ['manzana', 'banana', 'cereza']
for fruta in frutas:
    print("Me gusta la", fruta)
```

- **Iteración con `range()`**: La función `range()` es útil cuando necesitas un contador dentro del bucle.

```python
for i in range(5):  # Itera de 0 a 4
    print(i)
```

- **Iterar sobre diccionarios**:

```python
estudiante = {'nombre': 'Juan', 'edad': 22}
for clave, valor in estudiante.items():
```

```
print(clave, ":", valor)
```

Bucle `while`

El bucle `while` repite la ejecución de un bloque de código mientras una condición dada sea verdadera. Es ideal cuando no se sabe cuántas veces será necesario ejecutar el bucle antes de comenzar la iteración.

- **Ejemplo básico de bucle `while`**:

```
contador = 0
while contador < 5:
    print(contador)
    contador += 1
```

- **Bucle `while` con `break` y `continue`**: Puedes controlar la ejecución del bucle dentro de su cuerpo usando `break` para salir del bucle y `continue` para saltar al próximo ciclo sin terminar la ejecución del bloque actual.

```
contador = 0
while True:
    if contador == 3:
            break    # Sale del bucle cuando
contador es 3
    contador += 1
    print(contador)
```

Control de Bucles

- **`break`**: Salta fuera del bucle más cercano.

- **continue**: Omite el resto del código en el bucle para esta iteración y continúa con la siguiente.

- **else en bucles**: Un bloque else después de un bucle se ejecuta cuando el bucle ha terminado de iterar la lista (en caso de for) o cuando la condición se vuelve falsa (en caso de while), pero no si el bucle ha sido terminado con break.

```
for i in range(5):
    print(i)
else:
                print("Bucle    completado    sin
interrupciones.")
```

Ejemplo Práctico

Supongamos que estás trabajando en un programa que debe buscar el primer número divisible por 5 en una lista. Podrías usar tanto for como while para lograrlo.

```
numeros = [2, 3, 7, 10, 24, 35]

# Usando bucle for
for numero in numeros:
    if numero % 5 == 0:
        print("Encontrado:", numero)
        break

# Usando bucle while
i = 0
while i < len(numeros):
    if numeros[i] % 5 == 0:
        print("Encontrado:", numeros[i])
        break
    i += 1
```

Ambos bucles son herramientas esenciales en Python que permiten realizar tareas repetitivas de manera más eficiente y con menos código. Dominar los bucles `for` y `while` te ayudará a resolver problemas complejos de iteración y control de flujo en tus programas.

4.3.- Comprensiones de listas

Las comprensiones de listas (list comprehensions) en Python proporcionan una manera concisa y eficiente de crear listas. Basadas en la notación matemática de conjuntos, permiten filtrar elementos de una colección, transformar elementos al aplicarles una función, y construir listas de una manera que es a la vez sencilla de escribir y fácil de entender. Este apartado explora cómo utilizar las comprensiones de listas para generar nuevas listas de forma elegante y eficaz.

Sintaxis Básica

La sintaxis de una comprensión de lista es la siguiente:

```
[expresión for item in iterable if condición]
```

- **expresión**: es el valor que se añadirá a la lista resultante.
- **item**: es la variable que toma el valor del elemento dentro del iterable en cada iteración.
- **iterable**: es una secuencia de datos que la comprensión de lista iterará, como una lista, rango, cadena, etc.

- **condición** (opcional): es un filtro que permite pasar sólo los elementos que cumplan la condición.

Ejemplos de Uso

1. **Crear una lista de cuadrados de números**:

```
cuadrados = [x**2 for x in range(10)]
print(cuadrados)  # [0, 1, 4, 9, 16, 25, 36,
49, 64, 81]
```

2. **Filtrar elementos que cumplen una condición**:

```
pares = [x for x in range(10) if x % 2 == 0]
print(pares)  # [0, 2, 4, 6, 8]
```

3. **Aplicar una transformación a elementos de una lista**:

```
frutas = ["manzana", "banana", "cereza"]
frutas_mayusculas = [fruta.upper() for fruta
in frutas]
print(frutas_mayusculas)       #  ['MANZANA',
'BANANA', 'CEREZA']
```

Uso Avanzado

Las comprensiones de listas pueden incluir múltiples for y if para realizar tareas más complejas en una sola línea.

- **Comprensión con múltiples condiciones**:

```
especial = [x for x in range(50) if x % 5 ==
0 if x % 9 == 0]
print(especial)  # [0, 45]
```

- **Comprensiones con múltiples ciclos**:

```python
combinacion = [(x, y) for x in [1,2,3] for y
in [3,1,4] if x != y]
print(combinacion)  # [(1, 3), (1, 4), (2,
3), (2, 1), (2, 4), (3, 1), (3, 4)]
```

Las comprensiones de listas no solo proporcionan una sintaxis más limpia y expresiva para crear listas, sino que también son generalmente más eficientes que los bucles equivalentes en términos de velocidad de ejecución. Sin embargo, es importante no sacrificar la legibilidad por la concisión; las comprensiones de listas que se vuelven demasiado complejas pueden ser difíciles de entender a simple vista, por lo que en esos casos podría ser mejor usar bucles tradicionales o dividir la comprensión en varias etapas.

Las comprensiones de listas son una herramienta poderosa en Python que simplifica el código y mejora su eficiencia, haciéndolas indispensables para cualquier programador de Python. Su uso adecuado puede llevar a escribir código más limpio, más rápido y más Pythonic.

Capitulo 5.

Funciones y Módulos

5.1.- Definición y llamada de funciones

Las funciones en Python son bloques de código organizados y reutilizables que están diseñados para realizar una sola tarea o conjunto relacionado de operaciones. Definir funciones propias es crucial para escribir código limpio, eficiente y modular. Este apartado aborda cómo definir funciones en Python y cómo llamarlas para utilizar su funcionalidad.

Definición de Funciones

Para definir una función en Python, se utiliza la palabra clave `def` seguida de un nombre de función descriptivo, paréntesis, y dos puntos. Dentro de los paréntesis, se pueden incluir parámetros que permitan a la función recibir entrada(s). El cuerpo de la función comienza en la línea siguiente y debe estar indentado.

- **Sintaxis básica**:

```
def nombre_de_la_funcion(parametros):
    """Docstring que describe lo que hace la
función."""
    # Cuerpo de la función
    return resultado
```

- **Ejemplo de una función simple**:

```
def saludar(nombre):
    """Devuelve un saludo a la persona
especificada por nombre."""
    return f"Hola, {nombre}!"
```

Llamada de Funciones

Una vez definida, una función se puede llamar utilizando su nombre seguido de paréntesis que contienen argumentos que coincidan con los parámetros declarados.

- **Llamando a la función `saludar`**:

```
mensaje = saludar("Alice")
print(mensaje)  # Salida: Hola, Alice!
```

Parámetros y Argumentos

Las funciones pueden ser diseñadas para aceptar diferentes tipos de parámetros:

- **Parámetros posicionales**: Son aquellos que se deben pasar en el orden en que los parámetros son definidos en la función.

- **Parámetros con palabras clave (keyword)**: Permiten especificar los valores por nombre, lo que permite pasar los argumentos en un orden diferente.

- **Parámetros predeterminados**: Funciones que asignan valores por defecto a los parámetros, que se utilizan si no se proporciona un argumento.

- **Ejemplo con diferentes tipos de parámetros**:

```
def crear_usuario(nombre, admin=False):
    """Crea un diccionario que representa a
un nuevo usuario."""
    return {'nombre': nombre, 'es_admin':
admin}
```

```
usuario = crear_usuario("Elena")   # es_admin
se establece en False por defecto
admin_usuario   =   crear_usuario("Marco",
admin=True)
```

Importancia de las Docstrings

Las docstrings (cadenas de documentación) son importantes para describir lo que hace una función. Aparecen justo después de la línea de definición de la función y se delimitan por triple comillas. Esto permite a otros desarrolladores entender rápidamente el propósito y el uso de la función sin tener que leer y entender todo su código.

Return en Funciones

El uso de `return` en una función permite especificar el valor que debe ser devuelto al código que llama a la función. Si `return` no está presente, la función devuelve por defecto `None`.

- **Ejemplo con `return`:**

```
def suma(a, b):
    return a + b

resultado = suma(5, 3)  # resultado es 8
```

Las funciones son fundamentales para cualquier programador de Python. Permiten una mayor reutilización del código, ayudan a dividir programas complejos en partes más pequeñas y manejables, y facilitan la colaboración entre desarrolladores al proporcionar interfaces bien definidas para los bloques de código. Al aprender a definir y utilizar funciones correctamente, estarás bien equipado para abordar proyectos de programación más grandes y más complejos.

5.2.- Argumentos y parámetros

En Python, los términos **argumentos** y **parámetros** se utilizan para describir la interfaz con la que una función se comunica con el exterior. Los parámetros son las variables que se definen en la declaración de la función, mientras que los argumentos son los valores reales que se pasan a estos parámetros cuando se llama a la función. Este apartado explora los diferentes tipos de argumentos y parámetros que Python permite utilizar y cómo estos pueden hacer que las funciones sean más flexibles y potentes.

Tipos de Parámetros

1. **Parámetros Posicionales**: Son los más comunes y deben pasarse en el orden exacto en que los parámetros son definidos en la función.

2. **Parámetros Predeterminados**: Permiten especificar un valor por defecto que se utilizará si no se proporciona un argumento para ese parámetro durante la llamada de la función.

   • **Ejemplo**:
   ```python
   def imprimir_mensaje(mensaje, fin='!'):
       print(mensaje + fin)
   ```

```
imprimir_mensaje('Hola')      # Salida:
Hola!
imprimir_mensaje('Hola',  '?')        #
Salida: Hola?
```

3. **Parámetros de Palabras Clave (Keyword Arguments)**: Permiten al llamador de la función especificar qué argumento se está pasando a qué parámetro, lo que puede hacer que el código sea más claro.

   - **Ejemplo**:
     ```
     def    crear_persona(nombre,    edad,
     trabajo):
           print(f"Nombre: {nombre}, Edad:
     {edad}, Trabajo: {trabajo}")

     crear_persona(edad=30,    nombre="Juan",
     trabajo="Ingeniero")
     ```

4. **Parámetros Arbitrarios**: A veces no sabes de antemano cuántos argumentos se pasarán a tu función. Python te permite capturar un número arbitrario de argumentos mediante el uso de asteriscos.

   - **Args** (Argumentos Posicionales Arbitrarios):
     ```
     def suma(*numeros):
         return sum(numeros)

     print(suma(1, 2, 3, 4)) # Salida: 10
     ```

- **Kwargs** (Argumentos de Palabras Clave Arbitrarios):

```python
def configurar_perfil(**datos):
    for clave, valor in datos.items():
        print(f"{clave}: {valor}")

configurar_perfil(nombre="Laura",
edad=25, ocupacion="Doctora")
```

Buenas Prácticas en el Uso de Parámetros

- **Minimizar el número de parámetros**: Un gran número de parámetros puede hacer que la función sea difícil de entender y usar. Intenta limitar el número de parámetros y considera agruparlos en clases o diccionarios si la función se vuelve demasiado compleja.

- **Usar nombres de parámetros descriptivos**: Los nombres de los parámetros deben ser descriptivos para indicar qué tipo de valores espera la función.

- **Preferir parámetros de palabras clave para argumentos opcionales**: Esto mejora la legibilidad del código y reduce la probabilidad de errores si alguien más usa o modifica tu función.

La flexibilidad en la definición y uso de parámetros en Python permite construir funciones potentes y fácilmente reutilizables. Entender y aplicar correctamente los diferentes tipos de parámetros te ayudará a escribir código más claro, más mantenible y más robusto, facilitando tanto la depuración como la colaboración en proyectos de mayor escala.

5.3.- Módulos y paquetes: importación y uso

En Python, los módulos y paquetes son fundamentales para organizar y reutilizar el código. Un módulo es un archivo de Python que contiene definiciones y declaraciones de funciones, clases y variables, mientras que un paquete es una colección de módulos agrupados en un directorio. Este apartado aborda cómo importar y utilizar estos componentes para estructurar programas de manera eficiente.

Definición de Módulos

Un módulo en Python es simplemente un archivo con extensión `.py` que contiene código Python. Puede incluir funciones, clases, variables, y también código ejecutable.

Importación de Módulos

Python ofrece varias maneras de importar módulos, lo que permite acceder a sus funciones, clases y variables.

- **Importación completa**:

```
import nombre_modulo
```

  Después de importar un módulo de esta manera, puedes acceder a sus componentes usando la sintaxis `nombre_modulo.nombre_componente`.

- **Importación de componentes específicos**:

```
from nombre_modulo import funcion, clase
```

Esto permite acceder directamente a funcion y clase sin necesidad de prefijarlas con el nombre del módulo.

- **Alias en las importaciones**:

```
import nombre_modulo as mod
from nombre_modulo import funcion as fn
```

Los alias permiten referenciar los módulos o sus componentes con un nombre más corto o conveniente.

Definición de Paquetes

Un paquete es un directorio que contiene archivos Python y un archivo `__init__.py`. Este archivo puede estar vacío, pero debe existir para que Python trate el directorio como un paquete. Esto permite organizar módulos relacionados bajo un mismo espacio de nombres.

Importación de Paquetes

Al igual que con los módulos, puedes importar paquetes enteros o seleccionar partes de ellos.

- **Importación de un paquete**:

```
import paquete.subpaquete.modulo
```

Necesitas usar el nombre completo para acceder a los elementos dentro del módulo.

- **Importación desde subpaquetes**:

```
from paquete.subpaquete import modulo
```

Ejemplo Práctico

Supongamos que tienes un paquete de análisis de datos con varios módulos:

Estructura del paquete:

```
paquete_analisis/
|-- __init__.py
|-- estadisticas.py
|-- procesamiento.py
```

- **estadisticas.py**:

```
def media(datos):
    return sum(datos) / len(datos)
```

- **procesamiento.py**:

```
def limpiar(datos):
    return [d for d in datos if d is not None]
```

Cómo usarlo en tu código:

```
from paquete_analisis.estadisticas import media
from paquete_analisis.procesamiento import limpiar

datos = [10, 20, None, 30]
datos_limpios = limpiar(datos)
```

```
resultado = media(datos_limpios)
print("La media es:", resultado)
```

Buenas Prácticas

- **Mantén los módulos pequeños y enfocados**: Cada módulo debe tener una responsabilidad claramente definida.
- **Usa nombres descriptivos para módulos y paquetes**: Los nombres deben reflejar las funciones y las clases que contienen.
- **Evita importaciones cíclicas**: Esto ocurre cuando dos o más módulos se importan mutuamente, lo que puede llevar a problemas de dependencias y errores en tiempo de ejecución.

La comprensión de cómo utilizar módulos y paquetes es esencial para cualquier desarrollador de Python, ya que facilita la organización del código, mejora su mantenibilidad y permite la reutilización en otros proyectos. Al seguir las buenas prácticas mencionadas y aprovechar las capacidades de importación de Python, puedes construir aplicaciones robustas y escalables.

5.4.- Espacios de nombres y ámbito de las variables

En Python, los **espacios de nombres** son estructuras que almacenan los nombres de las variables y sus correspondientes objetos, manteniendo cada nombre único en un contexto específico. El **ámbito** de una variable define la región del programa en la que está disponible esa variable para ser accedida. Este apartado explora estos conceptos clave que son fundamentales para la gestión de variables y la organización del código en Python.

Espacios de nombres

Un espacio de nombres es un mapeo donde los nombres (claves) están vinculados a objetos (valores). Python organiza los nombres en espacios para evitar conflictos y ambigüedades:

- **Espacio de nombres incorporado (builtin)**: Contiene los nombres de todas las funciones incorporadas y variables incorporadas, como `print()` y `Exception`.
- **Espacio de nombres global**: Este es el espacio de nombres para un módulo dado y contiene nombres de variables definidas en el nivel más alto del módulo.
- **Espacio de nombres local**: Se crea cuando se ejecuta una función y contiene los nombres definidos en esa función.

Cada espacio de nombres es completamente independiente. Por ejemplo, el nombre `sum` puede existir tanto en un espacio de nombres local como en uno global sin conflictos, porque pertenecen a espacios diferentes.

Ámbito de las Variables

El ámbito de una variable se refiere a la parte del programa donde la variable es accesible. Python tiene tres niveles de ámbito de variables:

1. **Ámbito Local**: Las variables definidas dentro de una función tienen un ámbito local y solo pueden ser accedidas dentro de la función donde fueron creadas.

2. **Ámbito Encerrado (nonlocal)**: Se refiere a las variables en el ámbito de las funciones encerradas, es decir, funciones dentro de funciones. Las variables en este ámbito son accesibles solo en su función y en cualquier función que esté físicamente dentro de ella.

3. **Ámbito Global**: Las variables definidas en el nivel principal de un módulo o directamente en el cuerpo del script son globales y accesibles desde cualquier parte del módulo.

4. **Ámbito Incorporado**: Este es el ámbito más alto posible y contiene nombres que están integrados en el intérprete de Python, como `len` y `input`.

Ejemplo de Ámbitos

```python
x = 'global x'  # Variable global

def outer():
    x = 'outer x'  # Variable nonlocal dentro de
outer y local para inner

    def inner():
        x = 'inner x'  # Variable local
        print(x)
```

```
    inner()
    print(x)

outer()
print(x)
```

En este ejemplo, la llamada a `print(x)` dentro de `inner()` muestra `"inner x"`, dentro de `outer()` muestra `"outer x"`, y la última línea imprime `"global x"`.

Buenas Prácticas

- **Minimizar el uso de variables globales**: Las variables globales pueden hacer que el código sea difícil de entender y mantener. Utiliza variables locales siempre que sea posible.
- **Claramente separar los espacios de nombres**: Al diseñar funciones y módulos, mantén los espacios de nombres bien definidos para evitar efectos secundarios no deseados.
- **Uso de la palabra clave `global` y `nonlocal`**: Utiliza `global` para declarar que una variable debe ser tratada como global, y `nonlocal` en funciones anidadas para modificar variables en el ámbito de la función exterior.

Entender los espacios de nombres y el ámbito de las variables es crucial para programar eficazmente en Python, especialmente en aplicaciones más grandes y complejas. Esta comprensión te ayuda a evitar conflictos de nombres y errores comunes, y facilita la modularidad y la reutilización del código.

Capitulo 6.

Manejo de Excepciones

6.1.- Conceptos básicos de manejo de errores

El manejo de errores mediante excepciones es una parte fundamental de desarrollar aplicaciones robustas y confiables en Python. Las excepciones son eventos especiales que pueden modificar el flujo normal de un programa cuando ocurren errores en tiempo de ejecución. Este apartado explora los conceptos básicos del manejo de errores en Python, incluyendo cómo las excepciones son lanzadas, capturadas y gestionadas.

Excepciones en Python

Una **excepción** es un objeto que representa un error o una condición inusual en un programa. Cuando Python encuentra una situación que no puede manejar, genera (o "lanza") una excepción. Si la excepción no se maneja adecuadamente, el programa se detendrá y Python imprimirá un mensaje de error.

Tipos Comunes de Excepciones

Python incluye numerosas clases de excepciones incorporadas que manejan diferentes tipos de errores, como:

- **SyntaxError**: Ocurre cuando el código no sigue la sintaxis correcta de Python.
- **TypeError**: Se lanza cuando una operación o función se aplica a un objeto de tipo inapropiado.
- **IndexError**: Se produce cuando se intenta acceder a un índice fuera del rango de una lista o tupla.
- **KeyError**: Aparece cuando se intenta acceder a una clave que no existe en un diccionario.

75

- **ValueError**: Se genera cuando una operación o función recibe un argumento que tiene el tipo correcto pero un valor inapropiado.

Lanzar Excepciones

Puedes lanzar excepciones en tus propios códigos usando la palabra clave `raise`, lo cual es útil cuando deseas forzar que ciertas condiciones sean manejadas por quien llama tu código.

- **Ejemplo de lanzar una excepción**:

```python
def dividir(x, y):
    if y == 0:
        raise ValueError("El divisor no puede
ser cero.")
    return x / y
```

Manejo de Excepciones

Para manejar las excepciones y continuar la ejecución del programa, se utiliza un bloque `try` seguido por uno o más bloques `except`.

- **Sintaxis básica**:

```python
try:
    # Código que puede lanzar una excepción
    resultado = dividir(10, 0)
except ValueError as e:
        # Código que se ejecuta si hay una
ValueError
    print(e)
```

Usos Avanzados de Bloques de Excepciones

- **Múltiples excepciones**: Puedes capturar tipos múltiples de excepciones en un solo bloque `except`, o usar varios bloques `except` para manejar diferentes excepciones de manera diferente.

- **Bloque `else`**: Se ejecuta si el código dentro del bloque `try` no lanzó ninguna excepción.

- **Bloque `finally`**: Se ejecuta siempre después de los bloques `try` y `except`, independientemente de si se lanzó una excepción y cómo se manejó. Es útil para realizar tareas de limpieza.

- **Ejemplo completo**:

```python
try:
    resultado = dividir(10, 2)
except ValueError as e:
    print(e)
else:
    print("El resultado es", resultado)
finally:
    print("Ejecutando limpieza...")
```

El manejo adecuado de errores mediante excepciones es crucial para construir aplicaciones confiables y fáciles de mantener. Aprender a utilizar las estructuras de manejo de errores de Python no solo ayuda a evitar que tu programa se detenga inesperadamente, sino que también te permite gestionar situaciones inusuales de manera controlada y elegante.

6.2.- Try, Except, Finally

En Python, el manejo de excepciones se realiza mediante el uso de los bloques `try`, `except`, y `finally`. Estos constructos permiten controlar el comportamiento del programa ante errores en tiempo de ejecución, mejorando la robustez y la confiabilidad del código. Este apartado detalla cómo utilizar correctamente estos bloques para manejar errores de forma efectiva.

Bloque `try`

El bloque `try` permite probar un bloque de código en busca de errores. Aquí es donde colocas el código que puede generar una excepción durante su ejecución. Si todo el código en el bloque `try` se ejecuta sin errores, Python salta cualquier bloque `except` asociado y continúa con el resto del programa.

- **Sintaxis básica**:

```
try:
    # Código que podría lanzar una excepción
    resultado = 10 / 0
except ZeroDivisionError:
    # Código que se ejecuta si hay una
excepción
    print("División por cero.")
```

Bloque `except`

El bloque `except` captura la excepción lanzada por el bloque `try`. Puedes especificar tipos específicos de excepciones que quieres capturar. Si no se especifica un tipo de excepción, el bloque capturará todas las excepciones, lo cual no es una práctica recomendada porque puede enmascarar errores de programación.

- **Capturar múltiples excepciones**:

```
try:
        # Código que podría lanzar varias
excepciones
        valor = int(input("Introduce un
número:"))
except ValueError:
    print("Debes ingresar un número entero.")
except KeyboardInterrupt:
        print("Entrada interrumpida por el
usuario.")
```

- **Capturar todas las excepciones**:

```
try:
        # Código con riesgo de excepciones no
anticipadas
    complejo = 1 + '1'
except Exception as e:
    print(f"Ocurrió un error: {e}")
```

Bloque `finally`

El bloque `finally` se ejecutará siempre, independientemente de si se ha lanzado una excepción o no, y si ha sido capturada o no. Esto es útil para realizar acciones de limpieza que siempre deben ejecutarse, como cerrar archivos o liberar recursos externos.

- **Ejemplo con `finally`:**

```python
try:
    f = open("archivo.txt")
    # Procesar archivo
except IOError:
    print("Error al abrir el archivo.")
finally:
    f.close()
    print("Archivo cerrado.")
```

Bloque else

Además de `try`, `except`, y `finally`, puedes utilizar el bloque `else` para definir código que se ejecuta si el bloque `try` no lanzó ninguna excepción.

- **Uso de `else`:**

```python
try:
    print("Todo bien.")
except Exception:
    print("Ocurrió un error.")
else:
    print("No hubo excepciones.")
finally:
        print("Finalmente, esto se ejecuta
siempre.")
```

La combinación de `try`, `except`, `finally`, y opcionalmente `else` ofrece un control robusto sobre el manejo de excepciones en Python. Utilizar estos bloques correctamente no solo ayuda a manejar los errores de manera más efectiva, sino que también garantiza que los recursos se gestionen de manera segura y que el programa pueda recuperarse graciosamente de situaciones inesperadas. Estas prácticas son esenciales para escribir software confiable y fácil de mantener.

6.3.- Creación de excepciones personalizadas

En Python, además de las excepciones estándar, puedes definir tus propias excepciones personalizadas. Esto es útil cuando deseas manejar situaciones específicas en tu programa de una manera más clara y explícita. Crear excepciones personalizadas puede ayudar a mejorar la legibilidad del código y facilitar la detección y el manejo de errores específicos. Este apartado describe cómo crear y utilizar excepciones personalizadas en Python.

Definición de Excepciones Personalizadas

Para crear una excepción personalizada, simplemente define una clase que herede de la clase base `Exception` o de cualquier otra clase de excepción más específica.

- **Sintaxis básica**:

```python
class MiError(Exception):
    """Descripción de la excepción para documentación."""
    def __init__(self, mensaje, codigo):
        self.mensaje = mensaje
        self.codigo = codigo
        super().__init__(f"Error {codigo}: {mensaje}")
```

En este ejemplo, `MiError` es una clase de excepción personalizada que toma un mensaje y un código de error como argumentos y los pasa al constructor de la clase base `Exception`.

Lanzar Excepciones Personalizadas

Puedes lanzar tus excepciones personalizadas utilizando la palabra clave `raise`, similar a cómo lanzarías cualquier otra excepción incorporada en Python.

- **Ejemplo de uso**:

```python
def validar_usuario(usuario):
    if usuario.edad < 18:
        raise MiError("Usuario menor de edad", 101)
    if usuario.nombre == "":
        raise MiError("Nombre de usuario no puede estar vacío", 102)

try:
    usuario = Usuario(nombre="", edad=17)
    validar_usuario(usuario)
except MiError as e:
    print(f"Se ha capturado un error: {e}")
```

Buenas Prácticas al Definir Excepciones Personalizadas

- **Nombre descriptivo**: Elige un nombre que claramente indique la naturaleza del error, como `ConexionFallidaError` o `UsuarioNoAutorizadoError`.

- **Documentación**: Utiliza docstrings para describir qué representa la excepción y en qué situaciones debería lanzarse.
- **Encapsulamiento**: Aprovecha para encapsular en la excepción cualquier dato relevante que pueda ser útil para manejar el error.
- **Herencia adecuada**: Generalmente, todas las excepciones personalizadas deben heredar de la clase `Exception`. Sin embargo, puedes heredar de otras clases de excepciones incorporadas como `ValueError` o `TypeError` si tu excepción es una especialización de estos errores más generales.

Ventajas de Excepciones Personalizadas

Crear tus propias clases de excepciones ofrece varias ventajas:

- **Claridad**: Hace que el manejo de errores en tu programa sea más explícito y claro.
- **Control**: Permite un manejo de errores más granular y específico que con las excepciones genéricas.
- **Mantenimiento**: Facilita la detección de errores y el mantenimiento del código, especialmente en proyectos grandes.

La creación de excepciones personalizadas es una técnica poderosa en la programación Python avanzada. Te permite manejar situaciones específicas de errores de manera más eficaz y hacer que tu código sea más seguro y fácil de mantener. Utilizar excepciones personalizadas puede mejorar significativamente la robustez y la legibilidad de tus aplicaciones Python.

Capitulo 7. Trabajo con Archivos

7.1.- Leer y escribir archivos

Trabajar con archivos es una tarea común en la programación, ya que permite a las aplicaciones almacenar y recuperar datos de manera persistente. Python proporciona una serie de funciones y métodos para leer y escribir archivos de manera eficiente y sencilla. Este apartado cubre los conceptos básicos sobre cómo abrir, leer, escribir y cerrar archivos en Python.

Abrir Archivos

Para trabajar con un archivo, primero debes abrirlo utilizando la función `open()`, que acepta dos argumentos principales: el nombre del archivo y el modo en que deseas abrirlo.

- **Modos de apertura de archivos**:
    - `'r'`: Lectura (el archivo debe existir).
    - `'w'`: Escritura (crea un archivo nuevo o sobreescribe uno existente).
    - `'a'`: Añadir (escribe al final del archivo si existe).
    - `'b'`: Binario (para archivos no textuales).
    - `'+'`: Lectura y escritura.
- **Ejemplo de apertura de un archivo**:

```
archivo = open('miarchivo.txt', 'r')
```

Leer Archivos

Existen varias formas de leer el contenido de un archivo en Python:

1. **Leer todo el contenido**:

```
contenido = archivo.read()
print(contenido)
```

2. **Leer línea por línea**:

```
for linea in archivo:
    print(linea, end='')
```

3. **Leer todas las líneas en una lista**:

```
lineas = archivo.readlines()
print(lineas)
```

Escribir Archivos

Para escribir en un archivo, debes abrirlo en modo escritura ('w'), modo añadir ('a'), o modos combinados de lectura y escritura ('r+' o 'w+').

- **Escribir texto en un archivo**:

```
archivo = open('miarchivo.txt', 'w')
archivo.write("Esta es la primera línea.\n")
archivo.write("Esta es la segunda línea.\n")
```

- **Añadir texto a un archivo existente**:

```
archivo = open('miarchivo.txt', 'a')
archivo.write("Esta es una nueva línea
añadida.\n")
```

Cerrar Archivos

Es importante cerrar un archivo después de haber terminado de trabajar con él para liberar recursos del sistema. Puedes hacerlo usando el método close().

- **Cerrar un archivo**:

```
archivo.close()
```

Manejo de Archivos con el Context Manager with

El uso de with para manejar archivos es una práctica recomendada en Python, ya que asegura que el archivo se cierre correctamente después de que el bloque de código se ejecute, incluso si ocurre una excepción.

- **Lectura de un archivo con with**:

```
with open('miarchivo.txt', 'r') as archivo:
    contenido = archivo.read()
    print(contenido)
```

- **Escritura en un archivo con with**:

```
with open('miarchivo.txt', 'w') as archivo:
    archivo.write("Texto escrito utilizando with.\n")
```

Ejemplo Completo

Combinar lectura y escritura de archivos en un solo ejemplo:

```
# Escribir en un archivo
with open('datos.txt', 'w') as archivo:
    archivo.write("Línea 1\n")
```

```
archivo.write("Línea 2\n")

# Leer el contenido del archivo
with open('datos.txt', 'r') as archivo:
    for linea in archivo:
        print(linea, end='')
```

Leer y escribir archivos en Python es una habilidad esencial
que permite a los desarrolladores manejar datos de manera
persistente. Utilizando los métodos y prácticas descritos
anteriormente, puedes interactuar con archivos de manera
eficiente y segura, asegurando que los recursos se gestionen
adecuadamente y que los datos se manejen correctamente.

7.2.- Manejo de archivos con `with`

El manejo de archivos con la declaración with en Python es
una práctica recomendada debido a su capacidad para gestionar
automáticamente la apertura y cierre de archivos, incluso si
ocurre una excepción durante el procesamiento. Esto asegura
que los recursos del sistema sean liberados de manera
adecuada, evitando problemas como la pérdida de datos o la
corrupción de archivos. En este apartado, exploraremos cómo
usar la declaración with para manejar archivos de manera
segura y eficiente.

Ventajas del uso de `with`

- **Gestión automática de recursos**: `with` asegura que los archivos se cierren correctamente después de ser utilizados.
- **Código más limpio y legible**: Reduce la necesidad de llamadas explícitas a `close()`, lo que simplifica el código.
- **Manejo de excepciones**: Incluso si se produce una excepción, el archivo se cerrará correctamente.

Sintaxis de `with`

La declaración `with` se usa junto con la función `open()` para manejar archivos. La sintaxis básica es:

```
with open('nombre_archivo', 'modo') as variable:
    # Procesar el archivo
```

- **Ejemplo básico de lectura de un archivo**:

```
with open('miarchivo.txt', 'r') as archivo:
    contenido = archivo.read()
    print(contenido)
```

En este ejemplo, el archivo `miarchivo.txt` se abre en modo lectura (`'r'`) y se asigna al objeto `archivo`. El contenido del archivo se lee y se imprime. Una vez que se sale del bloque `with`, el archivo se cierra automáticamente.

Escritura en archivos con `with`

La declaración `with` también se puede utilizar para escribir en archivos. Cuando se abre un archivo en modo escritura (`'w'`), se puede escribir directamente en el archivo dentro del bloque `with`.

- **Ejemplo básico de escritura en un archivo**:

```
with open('miarchivo.txt', 'w') as archivo:
    archivo.write("Primera línea de texto.\
n")
    archivo.write("Segunda línea de texto.\
n")
```

En este ejemplo, se abre `miarchivo.txt` en modo escritura. Se escriben dos líneas de texto en el archivo. Al salir del bloque `with`, el archivo se cierra automáticamente.

Añadir contenido a archivos

Para añadir contenido a un archivo existente sin sobrescribirlo, se utiliza el modo de apertura `'a'` (append).

- **Ejemplo de añadir contenido a un archivo**:

```
with open('miarchivo.txt', 'a') as archivo:
    archivo.write("Esta es una línea
añadida.\n")
```

Lectura línea por línea

Leer un archivo línea por línea es útil cuando se trabaja con archivos grandes o cuando se desea procesar cada línea individualmente.

- **Ejemplo de lectura línea por línea:**

```
with open('miarchivo.txt', 'r') as archivo:
    for linea in archivo:
        print(linea, end='')
```

Este ejemplo lee `miarchivo.txt` línea por línea e imprime cada línea. La función `end=''` evita que se añadan saltos de línea adicionales al imprimir.

Manejo de archivos binarios

La declaración `with` también puede manejar archivos binarios abriendo el archivo en modo binario (`'b'`).

- **Ejemplo de lectura y escritura de un archivo binario:**

```
# Lectura de un archivo binario
with open('imagen.jpg', 'rb') as archivo:
    contenido = archivo.read()

# Escritura de un archivo binario
with open('copia_imagen.jpg', 'wb') as archivo:
    archivo.write(contenido)
```

En estos ejemplos, se lee el contenido de un archivo binario `imagen.jpg` y luego se escribe en un nuevo archivo `copia_imagen.jpg`.

El uso de la declaración `with` para el manejo de archivos en Python es una práctica esencial que garantiza la correcta gestión de recursos y simplifica el código. Al utilizar `with`, los desarrolladores pueden asegurarse de que los archivos se abran y cierren de manera adecuada, independientemente de si se producen errores durante el procesamiento, mejorando la robustez y la fiabilidad del software.

7.3.- Operaciones de archivo comunes

Trabajar con archivos es una parte fundamental de muchos programas en Python. Además de leer y escribir archivos, hay una variedad de operaciones comunes que son útiles para la gestión de archivos, como renombrar, eliminar, copiar y mover archivos, así como obtener información sobre archivos y directorios. Este apartado cubre estas operaciones utilizando las bibliotecas estándar de Python.

Renombrar y eliminar archivos

Para renombrar y eliminar archivos, Python proporciona funciones en el módulo `os`.

- **Renombrar un archivo**:

  ```
  import os
  ```

```
os.rename('archivo_viejo.txt',
'archivo_nuevo.txt')
```

- **Eliminar un archivo**:

```
os.remove('archivo_a_eliminar.txt')
```

Copiar y mover archivos

El módulo `shutil` incluye funciones para copiar y mover archivos y directorios.

- **Copiar un archivo**:

```
import shutil
shutil.copy('archivo_origen.txt',
'archivo_destino.txt')
```

- **Mover un archivo**:

```
shutil.move('archivo_origen.txt',
'nueva_carpeta/archivo_origen.txt')
```

Obtener información sobre archivos

Puedes obtener información detallada sobre un archivo utilizando el módulo `os` y sus funciones.

- **Obtener el tamaño de un archivo**:

```
tamaño = os.path.getsize('archivo.txt')
print(f"El tamaño del archivo es: {tamaño}
bytes")
```

- **Comprobar si un archivo existe**:

```
existe = os.path.exists('archivo.txt')
```

```python
print(f"El archivo existe: {existe}")
```

- **Comprobar si es un archivo o un directorio**:

```python
es_archivo = os.path.isfile('archivo.txt')
es_directorio = os.path.isdir('carpeta/')
print(f"Es    archivo:    {es_archivo},    Es
directorio: {es_directorio}")
```

Listar archivos en un directorio

Para listar todos los archivos y subdirectorios en un directorio, puedes usar la función os.listdir() o el módulo glob para patrones más complejos.

- **Listar archivos y directorios**:

```python
contenido = os.listdir('mi_carpeta/')
for item in contenido:
    print(item)
```

- **Usar glob para patrones**:

```python
import glob
archivos_txt = glob.glob('*.txt')
for archivo in archivos_txt:
    print(archivo)
```

Leer y escribir archivos CSV

El módulo csv en Python permite la manipulación fácil de archivos CSV (Comma Separated Values).

- **Leer un archivo CSV**:

```python
import csv
```

```
with open('datos.csv', mode='r') as archivo:
    lector_csv = csv.reader(archivo)
    for fila in lector_csv:
        print(fila)
```

- **Escribir en un archivo CSV**:

```
with open('datos.csv', mode='w', newline='')
as archivo:
    escritor_csv = csv.writer(archivo)
     escritor_csv.writerow(['Nombre', 'Edad',
'Ciudad'])
         escritor_csv.writerow(['Alice',  30,
'Nueva York'])
```

Leer y escribir archivos JSON

El módulo `json` facilita trabajar con datos JSON (JavaScript Object Notation).

- **Leer un archivo JSON**:

```
import json

with open('datos.json', 'r') as archivo:
    datos = json.load(archivo)
    print(datos)
```

- **Escribir en un archivo JSON**:

```
with open('datos.json', 'w') as archivo:
    json.dump({'nombre': 'Alice', 'edad': 30,
'ciudad': 'Nueva York'}, archivo)
```

Comprimir y descomprimir archivos

El módulo `zipfile` permite trabajar con archivos ZIP.

- **Comprimir archivos**:

```python
import zipfile

with zipfile.ZipFile('archivo.zip', 'w') as zipf:
    zipf.write('archivo.txt')
    zipf.write('otro_archivo.txt')
```

- **Descomprimir archivos**:

```python
with zipfile.ZipFile('archivo.zip', 'r') as zipf:
    zipf.extractall('carpeta_de_destino')
```

Las operaciones comunes de archivos en Python, como renombrar, eliminar, copiar, mover, y obtener información sobre archivos, son esenciales para la gestión efectiva de archivos en aplicaciones. Utilizando las bibliotecas estándar os, shutil, glob, csv, json, y zipfile, puedes realizar estas operaciones de manera eficiente y segura, mejorando la funcionalidad y robustez de tus programas.

Capitulo 8. Programación Orientada a Objetos (POO)

8.1.- Clases y objetos

La Programación Orientada a Objetos (POO) es un paradigma de programación que utiliza "objetos" y "clases" para estructurar el software de manera que sea más modular, reusable y fácil de mantener. En Python, la POO es fundamental y permite crear aplicaciones complejas de manera organizada. Este apartado explora los conceptos básicos de clases y objetos, cómo definirlos y usarlos en Python.

Clases

Una **clase** es una plantilla para crear objetos. Define un conjunto de atributos y métodos que los objetos creados a partir de la clase pueden usar.

- **Definir una clase**:

```
class Persona:
    def __init__(self, nombre, edad):
        self.nombre = nombre
        self.edad = edad

    def saludar(self):
        return f"Hola, mi nombre es {self.nombre} y tengo {self.edad} años."
```

En este ejemplo, `Persona` es una clase con un método especial `__init__` que se llama cuando se crea una nueva instancia de la clase. El método `__init__` inicializa los atributos `nombre` y `edad`. La clase también define un método `saludar` que devuelve un saludo.

Objetos

Un **objeto** es una instancia de una clase. Cada objeto puede tener atributos únicos y compartir los mismos métodos definidos en su clase.

- **Crear un objeto**:

```
persona1 = Persona("Alice", 30)
persona2 = Persona("Bob", 25)
```

- **Acceder a atributos y métodos de un objeto**:

```
print(persona1.nombre)  # Salida: Alice
print(persona2.edad)    # Salida: 25
print(persona1.saludar())  # Salida: Hola, mi
nombre es Alice y tengo 30 años.
```

Métodos

Los métodos son funciones definidas dentro de una clase que describen los comportamientos que pueden tener los objetos de esa clase. Los métodos generalmente operan sobre los datos de la instancia (`self`).

- **Definir y usar métodos**:

```
class Coche:
    def __init__(self, marca, modelo):
        self.marca = marca
        self.modelo = modelo

    def describir(self):
            return f"Este coche es un
{self.marca} {self.modelo}."

    def arrancar(self):
```

```
        return  f"El  {self.marca}
{self.modelo} está arrancado."

coche1 = Coche("Toyota", "Corolla")
print(coche1.describir())   # Salida: Este
coche es un Toyota Corolla.
print(coche1.arrancar())       # Salida: El
Toyota Corolla está arrancado.
```

Atributos de Clase y de Instancia

Los **atributos de instancia** son variables que pertenecen a una instancia específica de una clase, mientras que los **atributos de clase** son variables que pertenecen a la clase en sí y son compartidos por todas las instancias de la clase.

- **Ejemplo de atributos de clase**:

```
class Animal:
    reino = "Animalia"  # Atributo de clase

    def __init__(self, nombre):
        self.nombre = nombre  # Atributo de
instancia

perro = Animal("Perro")
gato = Animal("Gato")
print(perro.reino)  # Salida: Animalia
print(gato.reino)   # Salida: Animalia
```

Encapsulación

La encapsulación es un principio de la POO que restringe el acceso directo a algunos componentes de un objeto. En Python, esto se logra utilizando guiones bajos al prefijo de los atributos o métodos para indicar que son privados.

- **Ejemplo de encapsulación**:

```python
class CuentaBancaria:
    def __init__(self, saldo_inicial):
        self.__saldo = saldo_inicial   # Atributo privado

    def depositar(self, cantidad):
        if cantidad > 0:
            self.__saldo += cantidad

    def retirar(self, cantidad):
        if 0 < cantidad <= self.__saldo:
            self.__saldo -= cantidad

    def obtener_saldo(self):
        return self.__saldo

cuenta = CuentaBancaria(1000)
cuenta.depositar(500)
cuenta.retirar(200)
print(cuenta.obtener_saldo())  # Salida: 1300
```

En este ejemplo, `__saldo` es un atributo privado y solo puede ser modificado a través de los métodos `depositar` y `retirar`.

Las clases y los objetos son los bloques de construcción fundamentales de la Programación Orientada a Objetos en Python. Al entender y utilizar correctamente estos conceptos, puedes crear software más modular, reutilizable y fácil de mantener. La definición de clases permite encapsular datos y comportamientos, mientras que la creación de objetos permite instanciar y manipular esas clases en tu programa.

8.2.- Atributos y métodos

En la Programación Orientada a Objetos (POO), los **atributos** y **métodos** son componentes fundamentales de las clases. Los atributos representan el estado o las propiedades de un objeto, mientras que los métodos representan los comportamientos o las funciones que un objeto puede realizar. Este apartado detalla cómo definir y utilizar atributos y métodos en Python.

Atributos

Los atributos en una clase pueden ser de dos tipos: **atributos de instancia** y **atributos de clase**.

1. **Atributos de instancia**: Son variables que pertenecen a cada instancia individual de una clase. Se definen dentro del método __init__, el cual es el constructor de la clase.

   - **Definición y uso**:
     ```python
     class Persona:
         def __init__(self, nombre, edad):
             self.nombre = nombre
             self.edad = edad

     # Crear instancias de la clase Persona
     persona1 = Persona("Alice", 30)
     persona2 = Persona("Bob", 25)

     # Acceder a los atributos de instancia
     print(persona1.nombre)  # Salida: Alice
     print(persona2.edad)    # Salida: 25
     ```

2. **Atributos de clase**: Son variables que son compartidas por todas las instancias de una clase. Se definen directamente dentro de la clase, fuera de cualquier método.

- **Definición y uso**:

```python
class Persona:
        especie = "Homo sapiens"    #
Atributo de clase

    def __init__(self, nombre, edad):
        self.nombre = nombre
        self.edad = edad

print(Persona.especie)   # Salida: Homo
sapiens
persona1 = Persona("Alice", 30)
print(persona1.especie)  # Salida: Homo
sapiens
```

Métodos

Los métodos en una clase son funciones definidas dentro de la clase que describen los comportamientos que los objetos de esa clase pueden realizar. Hay varios tipos de métodos en Python:

1. **Métodos de instancia**: Operan sobre instancias de la clase y pueden acceder y modificar los atributos de instancia.

- **Definición y uso**:

```python
class Coche:
    def __init__(self, marca, modelo):
        self.marca = marca
```

```
        self.modelo = modelo

    def describir(self):
        return f"Este coche es un
{self.marca} {self.modelo}."

coche1 = Coche("Toyota", "Corolla")
print(coche1.describir())    # Salida:
Este coche es un Toyota Corolla.
```

2. **Métodos de clase**: Operan sobre la clase en sí en lugar de sobre instancias individuales. Se definen con el decorador @classmethod y toman cls como primer parámetro, que representa la clase.

   • **Definición y uso**:
```
class Persona:
    especie = "Homo sapiens"

    def __init__(self, nombre, edad):
        self.nombre = nombre
        self.edad = edad

    @classmethod
        def    cambiar_especie(cls,
nueva_especie):
        cls.especie = nueva_especie

print(Persona.especie)    # Salida: Homo
sapiens
Persona.cambiar_especie("Homo erectus")
print(Persona.especie)    # Salida: Homo
erectus
```

3. **Métodos estáticos**: Son métodos que no operan sobre la instancia ni sobre la clase en sí, sino que son funciones

internas a la clase por razones de organización. Se definen con el decorador @staticmethod.

- **Definición y uso**:

```python
class Matematica:
    @staticmethod
    def sumar(a, b):
        return a + b

resultado = Matematica.sumar(5, 3)
print(resultado)  # Salida: 8
```

Encapsulación de Atributos

La encapsulación es una característica de la POO que restringe el acceso directo a algunos de los componentes de un objeto. Python no tiene una verdadera encapsulación privada, pero se puede indicar que un atributo o método es privado usando un guion bajo _ o dos guiones bajos __ al inicio del nombre.

- **Ejemplo de atributo encapsulado**:

```python
class CuentaBancaria:
    def __init__(self, saldo_inicial):
        self.__saldo = saldo_inicial   # Atributo privado

    def depositar(self, cantidad):
        if cantidad > 0:
            self.__saldo += cantidad

    def retirar(self, cantidad):
        if 0 < cantidad <= self.__saldo:
            self.__saldo -= cantidad

    def obtener_saldo(self):
```

```
        return self.__saldo

    cuenta = CuentaBancaria(1000)
    cuenta.depositar(500)
    print(cuenta.obtener_saldo())   # Salida: 1500
```

Los atributos y métodos son componentes esenciales de las clases en la POO, permitiendo definir las propiedades y comportamientos de los objetos. Al utilizar correctamente los atributos de instancia y de clase, así como los métodos de instancia, clase y estáticos, puedes construir programas más estructurados, modulares y fáciles de mantener. La encapsulación también juega un papel importante en proteger los datos y garantizar que el acceso a los atributos y métodos sea controlado y seguro.

8.3.- Herencia y polimorfismo

La **herencia** y el **polimorfismo** son dos conceptos fundamentales en la Programación Orientada a Objetos (POO) que permiten la reutilización del código y la creación de estructuras más flexibles y mantenibles. Este apartado explora cómo se implementan y utilizan estos conceptos en Python.

Herencia

La herencia permite crear una nueva clase que reutiliza, extiende y modifica el comportamiento de una clase existente. La clase nueva se llama **clase derivada** o **subclase**, y la clase existente se llama **clase base** o **superclase**.

- **Definición básica de herencia**:

```python
class Animal:
    def __init__(self, nombre):
        self.nombre = nombre

    def hablar(self):
        raise NotImplementedError("Subclase
debe implementar este método")

class Perro(Animal):
    def hablar(self):
        return f"{self.nombre} dice Guau!"

class Gato(Animal):
    def hablar(self):
        return f"{self.nombre} dice Miau!"
```

En este ejemplo, `Animal` es la clase base y `Perro` y `Gato` son subclases que heredan de `Animal`. Cada subclase implementa su propia versión del método `hablar`.

- **Uso de la herencia**:

```python
perro = Perro("Fido")
gato = Gato("Whiskers")
print(perro.hablar())    # Salida: Fido dice
Guau!
print(gato.hablar())     # Salida: Whiskers
dice Miau!
```

Sobrescritura de Métodos

Las subclases pueden sobrescribir métodos de la clase base para proporcionar una implementación específica.

- **Ejemplo de sobrescritura de métodos**:

```python
class Vehiculo:
    def __init__(self, marca, modelo):
        self.marca = marca
        self.modelo = modelo

    def describir(self):
            return f"Vehículo {self.marca}
{self.modelo}"

class Coche(Vehiculo):
    def describir(self):
            return  f"Coche  {self.marca}
{self.modelo}"

coche = Coche("Toyota", "Corolla")
print(coche.describir())    # Salida: Coche
Toyota Corolla
```

Llamada a Métodos de la Superclase

Las subclases pueden llamar a los métodos de la clase base usando `super()`. Esto es útil cuando deseas extender el comportamiento de un método heredado.

- **Uso de super()**:

```python
class Vehiculo:
    def __init__(self, marca, modelo):
        self.marca = marca
        self.modelo = modelo

    def describir(self):
            return f"Vehículo {self.marca}
{self.modelo}"

class Coche(Vehiculo):
        def __init__(self, marca, modelo,
puertas):
```

111

```
            super().__init__(marca, modelo)
            self.puertas = puertas

        def describir(self):
                    return f"Coche {self.marca}
    {self.modelo} con {self.puertas} puertas"

    coche = Coche("Toyota", "Corolla", 4)
    print(coche.describir())      # Salida: Coche
    Toyota Corolla con 4 puertas
```

Polimorfismo

El polimorfismo permite tratar objetos de diferentes clases de manera uniforme. Python implementa polimorfismo a través de la herencia y las interfaces comunes.

- **Ejemplo de polimorfismo:**

```
class Animal:
    def hablar(self):
            raise NotImplementedError("Subclase
    debe implementar este método")

class Perro(Animal):
    def hablar(self):
        return "Guau!"

class Gato(Animal):
    def hablar(self):
        return "Miau!"

def hacer_hablar(animal):
    print(animal.hablar())

perro = Perro()
gato = Gato()
```

112

```
hacer_hablar(perro)    # Salida: Guau!
hacer_hablar(gato)     # Salida: Miau!
```

En este ejemplo, la función hacer_hablar acepta cualquier objeto que tenga un método hablar, demostrando polimorfismo al tratar diferentes tipos de objetos de manera uniforme.

La herencia y el polimorfismo son principios clave de la POO que facilitan la creación de código reutilizable y flexible. La herencia permite extender y modificar el comportamiento de las clases base en las subclases, mientras que el polimorfismo permite tratar objetos de diferentes clases de manera uniforme. Juntos, estos conceptos mejoran la modularidad y mantenibilidad del código, permitiendo construir aplicaciones más complejas de manera estructurada y eficiente.

8.4.- Métodos especiales (constructores, representación)

En la Programación Orientada a Objetos (POO) en Python, los métodos especiales, también conocidos como métodos mágicos o dunder (double underscore), permiten definir comportamientos específicos para las instancias de las clases. Los métodos especiales más comunes son los constructores y los métodos de representación. Este apartado explora estos métodos y cómo pueden ser utilizados para mejorar la funcionalidad y la claridad de las clases en Python.

Constructores

El método __init__ es el constructor en Python. Se llama automáticamente cuando se crea una nueva instancia de una clase. Este método se utiliza para inicializar los atributos del objeto.

- **Definición del constructor**:

```python
class Persona:
    def __init__(self, nombre, edad):
        self.nombre = nombre
        self.edad = edad

# Crear una instancia de la clase Persona
persona1 = Persona("Alice", 30)
print(persona1.nombre)  # Salida: Alice
print(persona1.edad)    # Salida: 30
```

En este ejemplo, __init__ inicializa los atributos nombre y edad cuando se crea una nueva instancia de Persona.

Métodos de Representación

Los métodos de representación __str__ y __repr__ permiten definir cómo se deben representar las instancias de las clases como cadenas de texto, lo cual es útil para depuración y registro.

1. **__str__**: Define la representación de cadena "amigable" del objeto, que es útil para mostrar información al usuario final.

2. **__repr__**: Define la representación "oficial" del objeto, que debería ser lo más precisa y completa posible, idealmente incluyendo suficiente información para que se pueda recrear el objeto con `eval`.

- **Definición de __str__ y __repr__:**

```python
class Persona:
    def __init__(self, nombre, edad):
        self.nombre = nombre
        self.edad = edad

    def __str__(self):
        return f"Persona(nombre={self.nombre}, edad={self.edad})"

    def __repr__(self):
        return f"Persona('{self.nombre}', {self.edad})"

persona1 = Persona("Alice", 30)
print(str(persona1))    # Salida: Persona(nombre=Alice, edad=30)
print(repr(persona1))   # Salida: Persona('Alice', 30)
```

Otros Métodos Especiales Comunes

Además de __init__, __str__ y __repr__, Python tiene otros métodos especiales que puedes definir para controlar el comportamiento de las instancias de las clases.

1. **Métodos de comparación**: Permiten definir el comportamiento de las operaciones de comparación.

115

- **__eq__**: Define el comportamiento para ==.
- **__lt__**: Define el comportamiento para <.
- **__le__**: Define el comportamiento para <=.

- **Ejemplo de métodos de comparación**:

```python
class Persona:
    def __init__(self, nombre, edad):
        self.nombre = nombre
        self.edad = edad

    def __eq__(self, otra):
        return self.edad == otra.edad

    def __lt__(self, otra):
        return self.edad < otra.edad

persona1 = Persona("Alice", 30)
persona2 = Persona("Bob", 25)
print(persona1 == persona2)  # Salida: False
print(persona1 < persona2)   # Salida: False
```

2. **Métodos aritméticos**: Permiten definir el comportamiento de las operaciones aritméticas.
   - **__add__**: Define el comportamiento para +.
   - **__sub__**: Define el comportamiento para -.

- **Ejemplo de métodos aritméticos**:

```python
class Vector:
    def __init__(self, x, y):
        self.x = x
        self.y = y

    def __add__(self, otro):
        return Vector(self.x + otro.x, self.y
+ otro.y)
```

```python
    def __repr__(self):
        return f"Vector({self.x}, {self.y})"

vector1 = Vector(2, 3)
vector2 = Vector(5, 7)
resultado = vector1 + vector2
print(resultado)  # Salida: Vector(7, 10)
```

Los métodos especiales en Python permiten personalizar y extender el comportamiento de las clases de manera poderosa y flexible. Al definir métodos como __init__, __str__, __repr__, y otros, puedes controlar cómo se crean, comparan y representan las instancias de tus clases. Esto no solo mejora la funcionalidad de tus clases, sino que también hace que el código sea más legible y más fácil de mantener.

Capitulo 9. Librerías Estándar y Externas

9.1.- `os` y `sys`: interacción con el sistema operativo

Python proporciona módulos integrados como `os` y `sys` que permiten a los desarrolladores interactuar directamente con el sistema operativo. Estos módulos son fundamentales para tareas como la manipulación de archivos, la ejecución de comandos del sistema, y la gestión del entorno de ejecución de Python. Este apartado explora cómo utilizar `os` y `sys` para realizar diversas tareas relacionadas con el sistema operativo.

Módulo `os`

El módulo `os` permite interactuar con el sistema operativo de una manera agnóstica, lo que significa que el mismo código puede funcionar en diferentes sistemas operativos sin modificaciones significativas.

- **Manipulación de archivos y directorios**:

    - **Cambiar el directorio de trabajo**:
    ```python
    import os
    os.chdir('/ruta/a/tu/directorio')
    ```

    - **Obtener el directorio de trabajo actual**:
    ```python
    cwd = os.getcwd()
    print(f"Directorio actual: {cwd}")
    ```

    - **Listar archivos en un directorio**:
    ```python
    archivos = os.listdir('.')
    ```

121

```
print(archivos)
```

- **Crear un nuevo directorio**:

```
os.mkdir('nuevo_directorio')
```

- **Eliminar un archivo**:

```
os.remove('archivo.txt')
```

- **Eliminar un directorio**:

```
os.rmdir('directorio_vacio')
```

- **Ejecutar comandos del sistema**:

```
os.system('echo "Hola, mundo!"')
```

- **Manejo de rutas de archivos**:

  - **Unir rutas de forma segura**:

```
ruta_completa = os.path.join('/ruta',
'a', 'archivo.txt')
print(ruta_completa)
```

  - **Dividir una ruta en directorio y archivo**:

```
directorio,          archivo          =
os.path.split('/ruta/a/archivo.txt')
print(f"Directorio:        {directorio},
Archivo: {archivo}")
```

Módulo sys

El módulo sys proporciona acceso a variables y funciones que afectan al entorno de ejecución del intérprete de Python.

122

- **Acceder a argumentos de línea de comandos:**

```python
import sys
argumentos = sys.argv
print(f"Argumentos pasados: {argumentos}")
```

- **Salir del programa:**

```python
sys.exit(0)
```

- **Acceder a la ruta de búsqueda de módulos:**

```python
ruta_modulos = sys.path
print(ruta_modulos)
```

- **Información del intérprete de Python:**

  - **Versión de Python:**

```python
version = sys.version
print(f"Versión de Python: {version}")
```

  - **Plataforma:**

```python
plataforma = sys.platform
print(f"Plataforma: {plataforma}")
```

Ejemplos Prácticos

1. **Listar archivos en el directorio actual y mostrar su tamaño:**

```python
import os

for archivo in os.listdir('.'):
    if os.path.isfile(archivo):
        tamaño = os.path.getsize(archivo)
        print(f"{archivo}: {tamaño} bytes")
```

2. Script que imprime los argumentos de línea de comandos y luego sale:

```python
import sys

if len(sys.argv) > 1:
    print("Argumentos pasados al script:")
    for i, arg in enumerate(sys.argv):
        print(f"Argumento {i}: {arg}")
else:
    print("No se pasaron argumentos.")

sys.exit(0)
```

3. Crear un directorio, cambiar a él y crear un archivo dentro:

```python
import os

nuevo_directorio = 'mi_directorio'
os.mkdir(nuevo_directorio)
os.chdir(nuevo_directorio)

with open('mi_archivo.txt', 'w') as archivo:
        archivo.write("Hola desde el nuevo directorio!")

print(f"Archivo creado en {os.getcwd()}")
```

Los módulos os y sys son herramientas poderosas para interactuar con el sistema operativo desde Python. El módulo os facilita la manipulación de archivos y directorios, así como la ejecución de comandos del sistema, mientras que sys proporciona acceso a variables y funciones que influyen en el entorno de ejecución de Python. Al dominar estos módulos, puedes escribir scripts que interactúan eficazmente con el sistema operativo, aumentando la funcionalidad y la flexibilidad de tus aplicaciones Python.

9.2.- `datetime`: manejo de fechas y horas

El módulo `datetime` de Python proporciona clases para manipular fechas y horas de manera sencilla y eficaz. Este módulo es esencial para cualquier aplicación que requiera el manejo de datos temporales, como calendarios, programación de tareas, registro de eventos, etc. Este apartado explora las principales clases y funciones del módulo `datetime` para trabajar con fechas y horas.

Clases Principales

El módulo `datetime` contiene varias clases importantes, entre las que se incluyen `date`, `time`, `datetime` y `timedelta`.

1. **Clase `date`**

   - Representa una fecha (año, mes, día).

   - **Crear una fecha**:

     ```
     from datetime import date

     hoy = date.today()
     print(hoy)  # Salida: 2024-08-05 (por
     ejemplo)
     ```

- **Obtener componentes de la fecha**:

```
print(f"Año:        {hoy.year},        Mes:
{hoy.month}, Día: {hoy.day}")
```

2. Clase `time`

- Representa una hora (hora, minuto, segundo, microsegundo).

- **Crear una hora**:

```
from datetime import time

hora_actual = time(14, 30, 45)
print(hora_actual)  # Salida: 14:30:45
```

- **Obtener componentes de la hora**:

```
print(f"Hora:        {hora_actual.hour},
Minuto: {hora_actual.minute}, Segundo:
{hora_actual.second}")
```

3. Clase `datetime`

- Combina una fecha y una hora.

- **Crear un objeto `datetime`**:

```
from datetime import datetime

ahora = datetime.now()
print(ahora)    # Salida: 2024-08-05
14:30:45.123456 (por ejemplo)
```

- **Obtener componentes de `datetime`**:

```
print(f"Fecha  y  hora:  {ahora},  Año:
{ahora.year},  Mes:  {ahora.month},  Día:
{ahora.day}")
```

4. Clase `timedelta`

- Representa una duración, la diferencia entre dos fechas u horas.

- **Crear un `timedelta`:**

```
from datetime import timedelta

delta  =  timedelta(days=5,  hours=3,
minutes=30)
print(delta)  # Salida: 5 days, 3:30:00
```

- **Operaciones con `timedelta`:**

```
mañana = ahora + timedelta(days=1)
print(mañana)  # Salida: fecha y hora
de mañana
```

Formateo de Fechas y Horas

Para convertir objetos `datetime` a cadenas con formatos específicos y viceversa, se utilizan los métodos `strftime` y `strptime`.

- **Formatear fecha y hora (`strftime`):**

```
formato = ahora.strftime("%d/%m/%Y %H:%M:%S")
print(formato)  # Salida: 05/08/2024 14:30:45
(por ejemplo)
```

- **Convertir cadena a `datetime` (`strptime`):**

```
fecha_str = "05/08/2024 14:30:45"
fecha_dt   =   datetime.strptime(fecha_str,
"%d/%m/%Y %H:%M:%S")
print(fecha_dt)       # Salida:   2024-08-05
14:30:45
```

Manejo de Zonas Horarias

El módulo `datetime` también permite trabajar con zonas horarias utilizando la clase `timezone`.

- **Crear un objeto `datetime` con zona horaria:**

```
from datetime import timezone

ahora_utc = datetime.now(timezone.utc)
print(ahora_utc)   # Salida: fecha y hora
actual en UTC
```

- **Convertir entre zonas horarias:**

```
from datetime import timezone, timedelta

# Definir  una  zona  horaria  (por  ejemplo,
UTC+2)
zona_horaria = timezone(timedelta(hours=2))
ahora_con_zona                          =
ahora.astimezone(zona_horaria)
print(ahora_con_zona)  # Salida: fecha y hora
en UTC+2
```

Ejemplos Prácticos

1. **Calcular la edad de una persona**:

```python
from datetime import date

def calcular_edad(fecha_nacimiento):
    hoy = date.today()
    edad = hoy.year - fecha_nacimiento.year - ((hoy.month,          hoy.day)          < (fecha_nacimiento.month, fecha_nacimiento.day))
    return edad

fecha_nacimiento = date(1990, 8, 5)
print(calcular_edad(fecha_nacimiento))          # Salida: 34 (por ejemplo)
```

2. **Contar días hasta una fecha específica**:

```python
fecha_futura = datetime(2024, 12, 31)
dias_restantes = (fecha_futura - ahora).days
print(f"Días    hasta    el    {fecha_futura}: {dias_restantes}")
```

El módulo `datetime` de Python es una herramienta versátil para manejar fechas y horas. Ofrece clases y métodos para crear, manipular y formatear datos temporales, así como para realizar cálculos con diferencias de tiempo. Al dominar `datetime`, puedes gestionar de manera efectiva cualquier necesidad relacionada con el tiempo en tus aplicaciones, desde la programación de eventos hasta el análisis de registros y mucho más.

9.3.- `requests`: comunicación por HTTP

La biblioteca `requests` en Python es una herramienta poderosa y sencilla para realizar solicitudes HTTP. Facilita la interacción con servicios web, APIs y recursos en la web mediante la simplificación del envío de solicitudes y el manejo de respuestas. Este apartado cubre cómo utilizar `requests` para realizar operaciones comunes de HTTP, como enviar solicitudes GET y POST, manejar respuestas, y trabajar con APIs.

Instalación

Para usar `requests`, primero necesitas instalar la biblioteca, ya que no viene incluida en la biblioteca estándar de Python.

- **Instalación de requests**:

```
pip install requests
```

Realizar Solicitudes GET

Una solicitud GET se utiliza para solicitar datos de un servidor. La función `requests.get()` envía una solicitud GET a la URL especificada y devuelve una respuesta.

- **Ejemplo de una solicitud GET**:

```
import requests

respuesta                        =
requests.get('https://api.github.com')
print(respuesta.status_code)  # Salida: 200
```

```
print(respuesta.text)                    # Salida:
Contenido de la respuesta
```

Manejar Respuestas

La respuesta de una solicitud HTTP contiene varias partes importantes que puedes manejar: el código de estado, el contenido de la respuesta, los encabezados y más.

- **Código de estado**:

```
if respuesta.status_code == 200:
    print("Solicitud exitosa!")
else:
        print(f"Error   en   la   solicitud:
{respuesta.status_code}")
```

- **Contenido de la respuesta**:

```
print(respuesta.content)     # Contenido en
bytes
print(respuesta.text)        # Contenido como
cadena de texto
print(respuesta.json())      # Contenido en
formato JSON (si es aplicable)
```

- **Encabezados de la respuesta**:

```
print(respuesta.headers)
```

Enviar Datos en una Solicitud POST

Una solicitud POST se utiliza para enviar datos al servidor. La función `requests.post()` envía una solicitud POST con los datos proporcionados.

- **Ejemplo de una solicitud POST**:

```
url = 'https://httpbin.org/post'
datos = {'nombre': 'Alice', 'edad': 30}

respuesta = requests.post(url, data=datos)
print(respuesta.json())
```

Manejo de Parámetros en URL

Puedes agregar parámetros a una solicitud GET utilizando el parámetro `params`.

- **Ejemplo con parámetros en URL**:

```
url                            =
'https://api.github.com/search/repositories'
parametros              =              {'q':
'requests+language:python'}

respuesta          =          requests.get(url,
params=parametros)
print(respuesta.json())
```

Enviar Datos JSON

Para enviar datos en formato JSON en una solicitud POST, usa el parámetro `json`.

- **Ejemplo de envío de datos JSON**:

```
url = 'https://httpbin.org/post'
datos_json = {'nombre': 'Bob', 'edad': 25}

respuesta         =         requests.post(url,
json=datos_json)
print(respuesta.json())
```

Manejo de Errores

La biblioteca `requests` proporciona métodos para manejar errores de manera elegante.

- **Ejemplo de manejo de errores**:

```python
try:
                    respuesta       =
requests.get('https://api.github.com/invalid-
endpoint')
    respuesta.raise_for_status()
except requests.exceptions.HTTPError as errh:
    print(f"HTTP Error: {errh}")
except requests.exceptions.ConnectionError as
errc:
    print(f"Error de conexión: {errc}")
except requests.exceptions.Timeout as errt:
    print(f"Timeout Error: {errt}")
except    requests.exceptions.RequestException
as err:
    print(f"Error inesperado: {err}")
```

Autenticación

Muchas APIs requieren autenticación. `requests` soporta varios métodos de autenticación, incluyendo autenticación básica y OAuth.

- **Ejemplo de autenticación básica**:

```python
from requests.auth import HTTPBasicAuth

respuesta                                      =
requests.get('https://api.github.com/user',
auth=HTTPBasicAuth('usuario', 'contraseña'))
print(respuesta.json())
```

La biblioteca `requests` es una herramienta esencial para interactuar con servicios web y APIs en Python. Proporciona una forma sencilla y poderosa de enviar solicitudes HTTP y manejar respuestas. Al dominar `requests`, puedes realizar operaciones HTTP complejas de manera eficiente, facilitando la integración de servicios web en tus aplicaciones Python.

9.4.- Uso de `pip` para instalar paquetes

Python tiene un vasto ecosistema de paquetes que puedes utilizar para añadir funcionalidades a tus proyectos sin necesidad de escribir todo el código desde cero. El gestor de paquetes `pip` es la herramienta estándar en Python para instalar y gestionar bibliotecas de terceros. Este apartado explora cómo usar `pip` para instalar, actualizar y desinstalar paquetes, así como otras operaciones útiles.

Instalación de pip

En la mayoría de las distribuciones de Python, `pip` viene preinstalado. Puedes verificar si `pip` está instalado ejecutando:

```
pip --version
```

Si `pip` no está instalado, puedes instalarlo siguiendo las instrucciones en el sitio oficial de Python get-pip.py.

Instalación de Paquetes

Para instalar un paquete con `pip`, usa el comando `pip install` seguido del nombre del paquete.

- **Ejemplo de instalación**:

```
pip install requests
```

Este comando descargará e instalará el paquete `requests` y sus dependencias desde el Python Package Index (PyPI).

Instalación de Paquetes Específicos

Puedes especificar la versión exacta de un paquete que deseas instalar.

- **Instalar una versión específica**:

```
pip install requests==2.25.1
```

También puedes instalar la última versión compatible con una versión específica.

- **Instalar la última versión compatible**:

```
pip install 'requests>=2.21.0,<3.0'
```

Listar Paquetes Instalados

Para ver todos los paquetes instalados en tu entorno, utiliza el comando `pip list`.

- **Listar paquetes**:

```
pip list
```

Actualización de Paquetes

Para actualizar un paquete a la última versión, usa el comando `pip install --upgrade`.

- **Actualizar un paquete**:

```
pip install --upgrade requests
```

Desinstalación de Paquetes

Para desinstalar un paquete, utiliza el comando `pip uninstall` seguido del nombre del paquete.

- **Desinstalar un paquete**:

```
pip uninstall requests
```

Archivos requirements.txt

Los archivos `requirements.txt` se utilizan para gestionar las dependencias de un proyecto. Estos archivos enumeran todos los paquetes necesarios y sus versiones. Esto es especialmente útil para asegurar que otros desarrolladores puedan replicar el entorno de desarrollo o producción exacto.

- **Crear un archivo requirements.txt**:

```
pip freeze > requirements.txt
```

- **Instalar paquetes desde requirements.txt**:

```
pip install -r requirements.txt
```

Entornos Virtuales

Es una buena práctica usar entornos virtuales para gestionar dependencias de proyectos de manera aislada. El módulo `venv` (incluido en la biblioteca estándar de Python) permite crear entornos virtuales.

- **Crear un entorno virtual**:

```
python -m venv mi_entorno
```

- **Activar un entorno virtual**:

  - En Windows:

```
mi_entorno\Scripts\activate
```

  - En macOS/Linux:

```
source mi_entorno/bin/activate
```

- **Desactivar un entorno virtual**:

```
deactivate
```

Uso Avanzado de pip

- **Mostrar información detallada sobre un paquete**:

```
pip show requests
```

- **Buscar paquetes en PyPI**:

```
pip search requests
```

- **Comprobar si los paquetes instalados tienen actualizaciones disponibles:**

```
pip list --outdated
```

El gestor de paquetes `pip` es una herramienta esencial para cualquier desarrollador de Python. Facilita la instalación, actualización y desinstalación de paquetes, así como la gestión de dependencias mediante archivos `requirements.txt` y entornos virtuales. Al dominar `pip`, puedes mantener tus proyectos organizados y asegurarte de que todas las dependencias se gestionen de manera eficiente y reproducible.

Capitulo 10. Consejos y Mejores Prácticas

10.1.- Estilo de código (PEP 8)

El estilo de código es crucial para escribir código limpio, legible y mantenible. En Python, la guía de estilo de código más reconocida es el **PEP 8**. Esta guía establece una serie de convenciones que los desarrolladores deben seguir para asegurar la consistencia y claridad del código. Este apartado detalla los aspectos más importantes del PEP 8, proporcionando ejemplos y explicaciones sobre cómo aplicarlos en tu código Python.

Importancia del Estilo de Código

Seguir un estilo de código consistente mejora la legibilidad y facilita la colaboración entre desarrolladores. También ayuda a mantener la coherencia en proyectos grandes y a detectar errores de manera más eficiente.

Convenciones Generales

1. **Indentación**:

- Usa 4 espacios por nivel de indentación.
- No uses tabulaciones (tabs).

```
def funcion():
    if True:
        print("Usa cuatro espacios para cada
nivel de indentación")
```

2. **Longitud de Línea**:

- Limita las líneas a un máximo de 79 caracteres.

- Para docstrings y comentarios, el límite es de 72 caracteres.

```
def funcion_larga():
    # Esta línea tiene menos de 79 caracteres
    variable = "Esta es una línea de código
que se ajusta al límite recomendado de
longitud de línea"
```

3. **Líneas en Blanco**:

- Separa las funciones y definiciones de clases con dos líneas en blanco.
- Dentro de una clase, separa los métodos con una línea en blanco.

```
class MiClase:
    def metodo_uno(self):
        pass

    def metodo_dos(self):
        pass
```

4. **Importaciones**:

- Coloca todas las importaciones al inicio del archivo.
- Importa módulos en líneas separadas.
- Usa importaciones absolutas en lugar de relativas.

```
import os
import sys
from mi_modulo import mi_funcion
```

Convenciones de Nomenclatura

1. Nombres de Variables y Funciones:

- Usa minúsculas y guiones bajos para nombres de variables y funciones.

```
nombre_completo = "Juan Pérez"
def obtener_nombre():
    pass
```

2. Nombres de Clases:

- Usa el formato CamelCase para nombres de clases.

```
class MiClase:
    pass
```

3. Nombres de Constantes:

- Usa mayúsculas y guiones bajos para nombres de constantes.

```
CONSTANTE_GLOBAL = 3.14
```

Espaciado

1. Espacios en Expresiones y Declaraciones:

- Evita espacios adicionales dentro de paréntesis, corchetes o llaves.
- Usa un espacio antes y después de los operadores, excepto cuando se usan para indicar precedencia en expresiones complejas.

```
lista = [1, 2, 3]
suma = a + b
```

2. Espacios en Funciones y Llamadas de Métodos:

- No uses espacios alrededor del signo igual para argumentos de palabra clave.

```
def funcion(argumento_predeterminado=None):
    pass
```

Documentación

1. Comentarios:

- Usa comentarios para explicar el por qué del código, no el qué.
- Escribe comentarios completos y claros.

```
# Calcula el área del círculo
area = pi * radio ** 2
```

2. Docstrings:

- Usa docstrings para documentar módulos, clases y funciones.
- La primera línea debe ser un resumen breve, seguido por una descripción más detallada si es necesario.

```
def funcion_ejemplo():
    """
    Realiza una operación de ejemplo.

    Más detalles sobre la función pueden ir
aquí.
```

144

```
    """
    pass
```

Ejemplo Completo

```python
import os
import sys

CONSTANTE_GLOBAL = 3.14

def                    mi_funcion(primer_parametro,
segundo_parametro):
    """
    Realiza una operación específica con los
parámetros dados.

    :param primer_parametro: Descripción del primer
parámetro.
    :param segundo_parametro: Descripción del
segundo parámetro.
    :return: Descripción del valor de retorno.
    """
    if primer_parametro > segundo_parametro:
            resultado = primer_parametro -
segundo_parametro
    else:
            resultado = segundo_parametro -
primer_parametro

    return resultado

class MiClaseEjemplo:
    """
    Esta es una clase de ejemplo para demostrar el
estilo de código PEP 8.
    """

    def __init__(self, valor_inicial):
        self.valor = valor_inicial
```

```python
def metodo_incrementar(self, incremento):
    """
        Incrementa el valor almacenado en la
instancia.

    :param incremento: Cantidad a incrementar.
    """
    self.valor += incremento
```

Adherirse al PEP 8 asegura que tu código sea limpio, legible y coherente. Esto no solo facilita la colaboración y el mantenimiento, sino que también ayuda a prevenir errores y mejora la calidad general del código. Siguiendo estas convenciones, puedes asegurarte de que tu código Python se adhiera a las mejores prácticas de la comunidad.

10.2.- Optimización básica de código

La optimización de código es un proceso importante para mejorar el rendimiento y la eficiencia de los programas. En Python, esto implica tanto la optimización del tiempo de ejecución como el uso eficiente de la memoria. Este apartado cubre técnicas y prácticas recomendadas para realizar optimizaciones básicas en tu código Python.

1. Uso Eficiente de Estructuras de Datos

Seleccionar las estructuras de datos adecuadas puede tener un gran impacto en el rendimiento del código.

- **Listas vs. Generadores**:

  - Usa listas cuando necesitas acceso aleatorio a los elementos o necesitas modificar la colección.
  - Usa generadores para grandes conjuntos de datos cuando solo necesitas iterar una vez, ya que los generadores consumen menos memoria.

```python
# Uso de lista
cuadrados = [x**2 for x in range(1000)]

# Uso de generador
cuadrados_gen = (x**2 for x in range(1000))
```

- **Diccionarios y Conjuntos**:

  - Usa diccionarios (`dict`) y conjuntos (`set`) para búsquedas rápidas.

```python
# Uso de diccionario
contador = {'a': 5, 'b': 3, 'c': 8}
if 'a' in contador:
    print("Encontrado")

# Uso de conjunto
conjunto = {1, 2, 3, 4, 5}
if 3 in conjunto:
    print("Encontrado")
```

2. Evitar Operaciones Innecesarias

Minimizar operaciones innecesarias puede mejorar significativamente el rendimiento.

- **Evitar bucles anidados costosos**:

```python
# Evitar esto:
for i in range(len(lista)):
    for j in range(len(otra_lista)):
        if lista[i] == otra_lista[j]:
            # Hacer algo

# Mejorar esto:
conjunto_otra_lista = set(otra_lista)
for item in lista:
    if item in conjunto_otra_lista:
        # Hacer algo
```

- **Uso de expresiones condicionales eficientes**:

```python
# Evitar esto:
if len(lista) > 0:
    print("La lista no está vacía")

# Mejorar esto:
if lista:
    print("La lista no está vacía")
```

3. Uso de Bibliotecas Eficientes

Aprovecha las bibliotecas optimizadas y las funciones integradas de Python.

- **Uso de `itertools` para iteraciones eficientes**:

```python
from itertools import combinations

# Generar combinaciones
comb = combinations([1, 2, 3, 4], 2)
for c in comb:
    print(c)
```

- **Uso de `collections` para estructuras de datos avanzadas**:

```
from collections import Counter

# Contar elementos en una lista
lista = ['a', 'b', 'a', 'c', 'b', 'a']
contador = Counter(lista)
print(contador)
```

4. Optimización de Funciones

Escribir funciones eficientes es clave para un código optimizado.

- **Evitar funciones recursivas profundas**:

  - Las funciones recursivas pueden consumir mucha memoria y ser lentas. Considera usar versiones iterativas si es posible.

```
# Evitar recursión profunda
def factorial(n):
    if n == 1:
        return 1
    else:
        return n * factorial(n - 1)

# Usar iteración
def factorial_iterativo(n):
    resultado = 1
    for i in range(2, n + 1):
        resultado *= i
    return resultado
```

- **Uso de caché para funciones costosas:**

```python
from functools import lru_cache

@lru_cache(maxsize=128)
def funcion_costosa(x):
    # Realiza una operación costosa
    return x * x
```

5. Profiling y Análisis de Rendimiento

Utiliza herramientas de profiling para identificar cuellos de botella en el código.

- **Uso de `cProfile`:**

```python
import cProfile

def mi_funcion():
    # Código a analizar
    pass

cProfile.run('mi_funcion()')
```

- **Uso de `timeit` para medir tiempos de ejecución:**

```python
import timeit

tiempo = timeit.timeit('mi_funcion()',
setup='from __main__ import mi_funcion',
number=1000)
print(tiempo)
```

La optimización básica de código en Python implica una combinación de elegir las estructuras de datos correctas, evitar operaciones innecesarias, utilizar bibliotecas eficientes, y escribir funciones optimizadas. Además, el uso de herramientas de profiling ayuda a identificar y resolver cuellos de botella de rendimiento. Al aplicar estas técnicas, puedes mejorar significativamente la eficiencia y el rendimiento de tus programas Python.

10.3.- Debugging y pruebas

El debugging y las pruebas son aspectos críticos del desarrollo de software que ayudan a identificar, diagnosticar y corregir errores, así como a asegurar que el código funcione según lo esperado. Este apartado explora las técnicas y herramientas comunes para realizar debugging efectivo y pruebas exhaustivas en Python.

Debugging

El debugging es el proceso de identificar y corregir errores en el código. Python proporciona varias herramientas y técnicas para facilitar este proceso.

1. Uso de print() para Debugging

El método más básico para depurar código es insertar declaraciones `print()` en puntos estratégicos del código para inspeccionar valores de variables y flujos de ejecución.

- **Ejemplo:**

```python
def calcular_area(radio):
    print(f"Radio: {radio}")   # Debugging
    area = 3.14 * radio ** 2
```

```
    print(f"Área: {area}")   # Debugging
    return area

calcular_area(5)
```

2. Uso del Módulo pdb

El módulo `pdb` es el depurador integrado de Python y permite un control interactivo del flujo de ejecución del programa.

- **Ejemplo básico**:

```
import pdb

def calcular_area(radio):
    pdb.set_trace()   # Iniciar depuración
    area = 3.14 * radio ** 2
    return area

calcular_area(5)
```

Durante la depuración, puedes utilizar comandos como `n` (next), `c` (continue), `l` (list), `p` (print) y `q` (quit) para navegar y examinar el estado del programa.

3. Depuración en IDEs

La mayoría de los IDEs modernos, como PyCharm, VS Code y Spyder, tienen depuradores gráficos integrados que facilitan la depuración con interfaces de usuario intuitivas y capacidades avanzadas.

- **Ejemplo en PyCharm**:
  - Coloca un punto de interrupción (breakpoint) haciendo clic en el margen izquierdo junto a la línea de código.
  - Inicia la depuración utilizando el botón de depuración del IDE.
  - Usa el panel de depuración para inspeccionar variables, ejecutar código línea por línea, y evaluar expresiones.

Pruebas

Las pruebas son cruciales para asegurar que el código funciona correctamente y para detectar errores antes de que el software llegue a producción.

1. Pruebas Unitarias con unittest

El módulo `unittest` es la biblioteca estándar de Python para realizar pruebas unitarias, permitiendo crear casos de prueba, suites de prueba y automatizar el proceso de pruebas.

- **Ejemplo básico**:

```python
import unittest

def sumar(a, b):
    return a + b

class TestSumar(unittest.TestCase):
    def test_sumar(self):
        self.assertEqual(sumar(2, 3), 5)
        self.assertEqual(sumar(-1, 1), 0)
        self.assertEqual(sumar(0, 0), 0)
```

```
if __name__ == '__main__':
    unittest.main()
```

2. Pruebas con pytest

pytest es una herramienta de prueba más avanzada que unittest, conocida por su simplicidad y potencia.

- **Ejemplo básico**:

```
# archivo: test_matematicas.py
def sumar(a, b):
    return a + b

def test_sumar():
    assert sumar(2, 3) == 5
    assert sumar(-1, 1) == 0
    assert sumar(0, 0) == 0
```

Para ejecutar las pruebas:

```
pytest test_matematicas.py
```

3. Pruebas de Integración

Las pruebas de integración verifican que diferentes módulos o servicios dentro de una aplicación funcionen bien juntos.

- **Ejemplo**:

```
import unittest
from modulo_a import funcion_a
from modulo_b import funcion_b

class TestIntegracion(unittest.TestCase):
    def test_integracion(self):
        resultado_a = funcion_a()
```

```
        resultado_b = funcion_b()
            self.assertEqual(resultado_a   +
resultado_b, valor_esperado)

if __name__ == '__main__':
    unittest.main()
```

4. Pruebas de Sistema y End-to-End

Estas pruebas validan el sistema completo en un entorno que simula producción.

- **Ejemplo básico con Selenium**:

```
from selenium import webdriver

driver = webdriver.Chrome()
driver.get('http://www.example.com')

assert "Example Domain" in driver.title
driver.quit()
```

Mejores Prácticas

1. **Escribir pruebas automatizadas**: Automatiza las pruebas tanto como sea posible para asegurar una cobertura completa y consistente.

2. **Mantener pruebas rápidas**: Asegúrate de que las pruebas sean rápidas de ejecutar para no obstaculizar el flujo de desarrollo.

3. **Pruebas en múltiples niveles**: Combina pruebas unitarias, de integración y de sistema para una cobertura exhaustiva.

4. **Uso de CI/CD**: Integra las pruebas en tu pipeline de CI/CD para asegurar que el código se prueba automáticamente antes de ser desplegado.

5. **Cobertura de código**: Utiliza herramientas como `coverage.py` para medir qué parte de tu código está siendo probada y mejorar la cobertura.

El debugging y las pruebas son componentes esenciales del desarrollo de software de alta calidad. Utilizar herramientas como `print()`, `pdb`, y los depuradores integrados en los IDEs, junto con bibliotecas de prueba como `unittest` y `pytest`, te permitirá identificar y corregir errores de manera eficiente y asegurar que tu código funcione correctamente. La adopción de mejores prácticas en debugging y pruebas llevará a la creación de software más robusto y confiable.

Capitulo 11. Anexos y Recursos Adicionales

11.1.- Glosario de términos

Este glosario proporciona definiciones de términos clave utilizados en la programación en Python y en el ámbito del desarrollo de software en general. Este recurso es útil tanto para principiantes como para desarrolladores experimentados que buscan aclarar o revisar conceptos.

A

- **API (Application Programming Interface)**: Conjunto de definiciones y protocolos que permiten que diferentes software interactúen entre sí.
- **Argumento**: Un valor que se pasa a una función cuando se llama a esa función.
- **Ámbito (Scope)**: Contexto en el cual una variable o nombre es válido y accesible.

B

- **Bucle (Loop)**: Estructura de control que permite ejecutar repetidamente un bloque de código mientras una condición es verdadera.

C

- **Clase**: Plantilla para crear objetos en la programación orientada a objetos. Define atributos y métodos.
- **Constructor**: Método especial (`__init__`) que se llama automáticamente al crear una instancia de una clase.

- **Condicional**: Estructura de control (`if`, `elif`, `else`) que permite ejecutar bloques de código basados en condiciones booleanas.

D

- **Diccionario**: Estructura de datos que almacena pares clave-valor.
- **Depuración (Debugging)**: Proceso de encontrar y resolver errores o problemas en el código.

E

- **Excepción**: Evento que interrumpe el flujo normal de ejecución de un programa y puede ser manejado por estructuras de control (`try`, `except`).
- **Expresión**: Combinación de valores y operadores que evalúa un valor.

F

- **Función**: Bloque de código reutilizable que realiza una tarea específica y puede retornar un valor.
- **Framework**: Conjunto de herramientas y bibliotecas que proporcionan una estructura para el desarrollo de aplicaciones.

G

- **Generador**: Función especial que produce una secuencia de resultados usando `yield`, permitiendo iteración eficiente.

H

- **Herencia**: Mecanismo en la programación orientada a objetos donde una clase (subclase) puede heredar atributos y métodos de otra clase (superclase).

I

- **Instancia**: Objeto creado a partir de una clase.
- **Iterador**: Objeto que permite recorrer una estructura de datos uno a uno.

J

- **JSON (JavaScript Object Notation)**: Formato de intercambio de datos ligero y fácil de leer y escribir, comúnmente utilizado en APIs web.

L

- **Lista**: Estructura de datos mutable y ordenada que puede contener elementos de cualquier tipo.
- **Librería**: Colección de módulos y funciones que pueden ser reutilizados en diferentes programas.

M

- **Método**: Función definida dentro de una clase que opera sobre instancias de esa clase.
- **Módulo**: Archivo que contiene definiciones de funciones, clases y variables, y puede ser importado y utilizado en otros programas.

N

- **Namespace (Espacio de nombres)**: Sistema que asegura que todos los nombres en un programa son únicos y no colisionan.

O

- **Objeto**: Instancia de una clase que contiene atributos y métodos definidos en esa clase.

P

- **Paquete**: Colección de módulos agrupados en un directorio, que puede ser distribuido y reutilizado.
- **PEP (Python Enhancement Proposal)**: Documentos que proponen nuevas características, procesos y estándares para Python.

R

- **Rango**: Objeto que representa una secuencia de números, comúnmente utilizado en bucles (`for`).

S

- **Script**: Archivo de código Python ejecutable.
- **String (Cadena)**: Secuencia de caracteres.

T

- **Tupla**: Estructura de datos inmutable y ordenada que puede contener elementos de cualquier tipo.

U

- **Unittest**: Módulo estándar de Python para realizar pruebas unitarias.

V

- **Variable**: Nombre que se refiere a un valor almacenado en la memoria.

W

- **While**: Bucle que se ejecuta mientras una condición es verdadera.

Y

- **Yield**: Declaración que permite a una función devolver un generador en lugar de un solo valor.

Z

- **Zipfile**: Módulo que permite manipular archivos ZIP.

11.2.- Sitios web recomendados para aprender más

La comunidad de Python es amplia y vibrante, con numerosos recursos en línea que pueden ayudar a los desarrolladores de todos los niveles a aprender y mejorar sus habilidades. Aquí se enumeran algunos de los mejores sitios web recomendados para aprender más sobre Python y mejorar tus conocimientos y habilidades en programación.

1. Python.org

- **Descripción**: El sitio web oficial del lenguaje Python.
- **Qué ofrece**:
    - Documentación oficial completa y actualizada.
    - Tutoriales y guías para principiantes y avanzados.
    - Descargas de la última versión de Python.
- **URL**: Python.org

2. Real Python

- **Descripción**: Plataforma educativa dedicada a Python con artículos, tutoriales y cursos en video.
- **Qué ofrece**:
    - Tutoriales prácticos y detallados sobre una amplia gama de temas de Python.
    - Cursos estructurados y lecciones en video.
    - Comunidad activa y foro de discusión.
- **URL**: Real Python

3. PyBites

- **Descripción**: Comunidad que ofrece desafíos de codificación en Python para mejorar habilidades prácticas.
- **Qué ofrece**:
    - Desafíos semanales de Python.

- Artículos sobre buenas prácticas y técnicas avanzadas.
- Entorno interactivo para resolver problemas y comparar soluciones.
- **URL**: PyBites

4. Programiz

- **Descripción**: Plataforma de aprendizaje en línea que ofrece tutoriales de programación en varios lenguajes, incluido Python.
- **Qué ofrece**:
  - Tutoriales interactivos y ejemplos prácticos.
  - Ejercicios y cuestionarios para evaluar el conocimiento.
  - Guías paso a paso para principiantes.
- **URL**: Programiz Python

5. GeeksforGeeks

- **Descripción**: Sitio web educativo que ofrece artículos, tutoriales y problemas de programación en una variedad de lenguajes, incluyendo Python.
- **Qué ofrece**:
  - Tutoriales exhaustivos y artículos detallados.
  - Problemas y soluciones de programación.
  - Secciones dedicadas a entrevistas y preparación para el mercado laboral.
- **URL**: GeeksforGeeks Python

6. W3Schools

- **Descripción**: Portal educativo que ofrece tutoriales y referencias en varios lenguajes de programación, incluido Python.
- **Qué ofrece**:
  - Tutoriales estructurados y fáciles de seguir.
  - Ejemplos interactivos y ejercicios prácticos.
  - Certificaciones y pruebas de conocimientos.
- **URL**: W3Schools Python

7. Codecademy

- **Descripción**: Plataforma de aprendizaje interactivo en línea que ofrece cursos de programación en varios lenguajes, incluido Python.
- **Qué ofrece**:
  - Cursos interactivos y proyectos prácticos.
  - Rutas de aprendizaje estructuradas.
  - Feedback instantáneo y sistema de progreso.
- **URL**: Codecademy Python

8. Coursera

- **Descripción**: Plataforma de educación en línea que ofrece cursos de universidades y empresas reconocidas.
- **Qué ofrece**:
  - Cursos gratuitos y de pago sobre Python y ciencia de datos.
  - Certificaciones y programas especializados.

- Acceso a contenido de universidades como la Universidad de Michigan y Stanford.
- **URL**: Coursera Python

9. edX

- **Descripción**: Plataforma de cursos en línea creada por Harvard y MIT que ofrece cursos de Python y otros temas.
- **Qué ofrece**:
  - Cursos de instituciones reconocidas como MIT y Harvard.
  - Certificaciones y programas profesionales.
  - Cursos gratuitos y de pago.
- **URL**: edX Python

10. LeetCode

- **Descripción**: Plataforma para practicar habilidades de programación y prepararse para entrevistas técnicas.
- **Qué ofrece**:
  - Problemas de programación y algoritmos.
  - Entorno interactivo para resolver problemas y competir con otros usuarios.
  - Artículos y discusiones sobre técnicas de resolución de problemas.
- **URL**: LeetCode

Estos sitios web ofrecen una amplia gama de recursos para aprender Python, desde tutoriales para principiantes hasta cursos avanzados y desafíos de programación. Utilizando estos recursos, puedes mejorar tus habilidades de Python, prepararte para entrevistas técnicas y mantenerse actualizado con las mejores prácticas y las nuevas tendencias en el desarrollo de software.

11.3.- Ejemplos de código útiles

En este apartado, se presentan ejemplos de código útiles y comunes que pueden servir como referencia rápida para resolver problemas habituales en Python. Estos ejemplos abarcan desde operaciones básicas hasta tareas más avanzadas, proporcionando soluciones prácticas y reutilizables.

1. Leer y escribir archivos

- **Leer un archivo de texto**:

```
with open('archivo.txt', 'r') as archivo:
    contenido = archivo.read()
    print(contenido)
```

- **Escribir en un archivo de texto**:

```
with open('archivo.txt', 'w') as archivo:
    archivo.write("Hola, mundo!\n")
     archivo.write("Esta es una nueva línea.\n")
```

2. Manejo de listas

- **Filtrar elementos en una lista**:

```
numeros = [1, 2, 3, 4, 5, 6, 7, 8, 9, 10]
```

```python
pares = [num for num in numeros if num % 2 ==
0]
print(pares)  # Salida: [2, 4, 6, 8, 10]
```

- **Encontrar el máximo y mínimo en una lista:**

```python
numeros = [34, 1, 23, 4, 3, 3, 98, 45, 33]
maximo = max(numeros)
minimo = min(numeros)
print(f"Máximo: {maximo}, Mínimo: {minimo}")
```

- **Ordenar una lista:**

```python
numeros = [34, 1, 23, 4, 3, 3, 98, 45, 33]
numeros_ordenados = sorted(numeros)
print(numeros_ordenados)
```

3. Trabajar con diccionarios

- **Crear y manipular un diccionario:**

```python
estudiante = {'nombre': 'Alice', 'edad': 24,
'curso': 'Ingeniería'}
estudiante['ciudad'] = 'Madrid'
print(estudiante)
```

- **Iterar sobre un diccionario:**

```python
for clave, valor in estudiante.items():
    print(f"{clave}: {valor}")
```

4. Manejo de fechas y horas

- **Obtener la fecha y hora actuales:**

```python
from datetime import datetime

ahora = datetime.now()
```

```python
print(ahora)
```

- **Formatear fechas**:

```python
fecha_formateada = ahora.strftime("%d/%m/%Y
%H:%M:%S")
print(fecha_formateada)
```

- **Convertir cadena a datetime**:

```python
fecha_str = "05/08/2024 14:30:45"
fecha_dt = datetime.strptime(fecha_str,
"%d/%m/%Y %H:%M:%S")
print(fecha_dt)
```

5. Hacer solicitudes HTTP

- **Realizar una solicitud GET**:

```python
import requests

respuesta                                    =
requests.get('https://api.github.com')
if respuesta.status_code == 200:
    print(respuesta.json())
```

- **Enviar datos con una solicitud POST**:

```python
url = 'https://httpbin.org/post'
datos = {'nombre': 'Alice', 'edad': 30}

respuesta = requests.post(url, json=datos)
print(respuesta.json())
```

6. Manipulación de cadenas

- **Reemplazar texto en una cadena**:

```
texto = "Hola, mundo!"
texto_nuevo    =    texto.replace("mundo",
"Python")
print(texto_nuevo)
```

- **Dividir y unir cadenas**:

```
texto = "uno,dos,tres,cuatro"
elementos = texto.split(',')
print(elementos)

texto_unido = '-'.join(elementos)
print(texto_unido)
```

7. Uso de expresiones regulares

- **Encontrar todas las coincidencias de un patrón**:

```
import re

texto = "El número de contacto es 123-456-
7890 o 987-654-3210."
patron = r'\d{3}-\d{3}-\d{4}'
coincidencias = re.findall(patron, texto)
print(coincidencias)    # Salida: ['123-456-
7890', '987-654-3210']
```

- **Reemplazar todas las coincidencias de un patrón**:

```
texto_modificado = re.sub(patron, 'XXX-XXX-
XXXX', texto)
print(texto_modificado)
```

8. Trabajo con archivos CSV

- **Leer un archivo CSV:**

```python
import csv

with open('datos.csv', 'r') as archivo:
    lector = csv.reader(archivo)
    for fila in lector:
        print(fila)
```

- **Escribir en un archivo CSV:**

```python
with open('datos.csv', 'w', newline='') as archivo:
    escritor = csv.writer(archivo)
        escritor.writerow(['Nombre', 'Edad', 'Ciudad'])
            escritor.writerow(['Alice', 30, 'Madrid'])
```

9. Trabajo con archivos JSON

- **Leer un archivo JSON:**

```python
import json

with open('datos.json', 'r') as archivo:
    datos = json.load(archivo)
    print(datos)
```

- **Escribir en un archivo JSON:**

```python
datos = {'nombre': 'Alice', 'edad': 30, 'ciudad': 'Madrid'}
with open('datos.json', 'w') as archivo:
    json.dump(datos, archivo)
```

10. Uso de decoradores

- **Definir y usar un decorador:**

```python
def mi_decorador(funcion):
    def nueva_funcion(*args, **kwargs):
        print("Función decorada")
        resultado = funcion(*args, **kwargs)
        print("Fin de la función decorada")
        return resultado
    return nueva_funcion

@mi_decorador
def saludar():
    print("Hola, mundo!")

saludar()
```

Estos ejemplos de código proporcionan soluciones prácticas a problemas comunes en Python. Tener acceso a estos fragmentos de código puede ayudarte a resolver rápidamente problemas recurrentes y mejorar tu eficiencia como desarrollador. Utiliza estos ejemplos como referencia y adáptalos a tus necesidades específicas.